生命，因閱讀而大好

這本書比治療還便宜！

讓自己活得更好的心理照顧指南

莉茲・凱莉——著　　呂玉嬋——譯
Liz Kelly, LICSW

各界盛讚

這本書是非常棒的資源，適合所有希望改善心理和情緒健康的人閱讀。作者莉茲．凱莉以幽默風趣的筆調、扎實的科學根據，寫出了一本內容淺顯易懂又實用性高的指南。而且，內容真的很有趣，讓人忍不住一頁接著一頁地看下去。這絕對是一本不容錯過的好書！

——喬納．帕奎特（Jonah Paquette），臨床心理師，著有*Happily Even After*

這本書沒有多餘的廢話，也沒有老生常談。它能幫助你提升情緒韌性，建立有深度的人際關係，清楚掌握如何打造一個你不會閃避的人生。本書讓人又哭又笑，因為莉茲．凱莉很快就不只是你的「心理師」，更像是那位幽默又親切的好友！無論你是正準備踏出心理健康旅程的第一步，還是已經相當熟悉心理諮商但想再次獲得啟發，這本書都值得一讀！

——凱特琳．哈克絲（Kaitlin Harkess），臨床心理師、瑜伽指導老師暨Podcast「Wisdom for Wellbeing」主持人

莉茲．凱莉的新作是一本引人入勝且親切易懂的書，目標是為讀者搭建一座通往心理健康的橋梁，彌補日常需求與往往無法取得或負擔的專業心理諮商之間的遺憾。莉茲以她的機智與敏銳洞察，引領讀者深入了解各類心理健康資源，同時提供一系列實用技巧，讓人在踏入諮商室之前，就能先獲得實質的幫助與啟發。

——米奇．阿布雷特博士（Mitch Abblett），執業心理師，著有*Prizeworthy*與*The Five Hurdles to Happiness*

莉茲・凱莉這本讓人一翻就停不下來的書，讀起來就像在與一位幽默又支持自己的朋友展開一場啟發人心、滋養心靈的對話。雖然價格低於心理諮商，這本書卻蘊含著寶貴的洞見。凱莉巧妙地融合各種心理諮商流派的觀點，轉化為日常生活中可以實踐的具體方法。不論你是否正在接受正式的心理治療，莉茲・凱莉這本兼具專業性與趣味性的作品，都能成為你展開全面且有效的自我照顧之旅的夥伴。

——馬克・歐康納（Mark O'Connell），臨床社工師，著有*The Performing Art of Therapy*

在這本好讀又親和力十足的指南中，莉茲・凱莉收錄了大量實用又有效的心理健康方法與技巧，讀起來有種正在和一位恰好是個出色心理師的親切好友互動的感覺。應用這些技巧，你一定能改善心理健康和生活品質。

——布瑞特・H・拉斯本（Britt H. Rathbone），臨床社工師，*What Works With Teens*、*Parenting a Teen Who Has Intense Emotions*及多部著作的共同作者

醫療和心理相關專業人士，現在也越來越重視一個概念——其實這早就是演員界熟悉的技巧，近年來連商業界也開始大力運用——那就是「即興表演」，特別是「應用即興表演」。這種方法對團隊和個人都很有幫助，可以提升「讀懂現場氛圍」和「活在當下」的能力，自然也讓溝通和人際互動變得更順暢。在這本書中，莉茲・凱莉更進一步運用這套技能，引導讀者深入覺察自我與當下，也教讀者「讀懂現場氛圍」，但不是外在的現場，而是內心的現場，包括想法與情緒。（提醒一下：你腦中的那些聲音，很多可能只是自己編的！）本書提供一套方法與技巧，幫助你更理解自己與身邊的人，更有意識地照顧自己的心理與情緒健康。

——肖恩・韋斯特法爾（Shawn Westfall），即興喜劇演員與教學者，Westfall Partners創辦人

隨著心理諮商需求日益攀升，莉茲・凱莉的新書無疑是那些「當下就需要幫助」者的一劑及時良方。這位務實的心理師，以幽默與真誠的筆觸，提供貼近生活並切實可行的個人建議，將心理諮商中繁複的概念轉化為淺白易懂的語言。她更以一種「你也可以自己來」的方式，引導讀者，一步步邁向更理想的生活。從深度的自我照顧，到情緒調節，再到尋找適切的支援系統，凱莉毫不保留地分享她的治療觀點，幫助讀者不僅轉變心境，也改變人生。

——琳恩・格羅茲基（Lynn Grodzki），著有*Therapy with a Coaching Edge*

莉茲・凱莉的這本書是當前全美心理健康危機中的救命繩索。我所認識的莉茲，不只是一位極具成果的心理師，同時也是一位充滿魅力的作家。她巧妙地結合自身的經驗、智慧與幽默，將療癒的洞見、希望，以及被理解的感受交織在一起。她用勇氣與慈悲的筆觸，穿插幽默，開啟讀者對心理健康重要性的認識。我打算書一上架就幫我三個二十幾歲的兒子各買一本！

——蘇珊・格雷諾茲（Susan Greynolds），諮商心理師、教育學博士、悲傷與創傷治療師

這本書真是太棒了！在這個動盪的混亂時代，莉茲用心寫下了一堂每個人都該修的心理健康入門課。這本書蘊含了許多簡單、實用卻極具成效的觀念與練習，只要願意採用，一定可以改變生活。我特別喜歡這本書的一點，就是每一項建議都講得又具體又真誠，完全展現出莉茲獨有的風格：直率中帶著溫度。在你準備開始接受心理諮商之前，或作為療程的補充閱讀，我都非常推薦這本書。

——寶拉・阿金森（Paula D. Atkinson），臨床社工師、E-RYT500認證瑜伽導師

獻給

Judson Richardson、Carol Bartlett、Stephanie Handel，
以及 Amy Cirbus
能遇見你們這些亦師亦友，是我莫大的幸運。
感謝你們始終如一的信任。
有你們的陪伴，我的人生更加美好。

作者的話

我的社會座標

在正式進入本書的主要內容之前，我想先跟大家介紹一下我的背景，讓你更了解我是誰、我的個人經驗還有專業養成。我相信，分享這樣的資訊，有助於你更理解我的觀點。我是白人、順性別、異性戀女性，屬於「微型世代」（Xennials，也就是從小玩《奧勒岡小徑》〔*Oregon Trail*〕經典電腦戰略遊戲的那一代）。我的代名詞是「她」。目前已婚，育有兩個年幼的孩子。我出生於美國伊利諾州的一個小鎮，已在華盛頓都會區定居二十二年。我擁有臨床社會工作碩士學位，目前是自由接案的心理師與作家。

保密和注意事項

心理師與個案的關係是一種特殊的聯繫。個案在治療過程中所透露的內容都屬於高度機密，受到嚴格的專業倫理和法律的保護。所以，書中提到的個案故事，都是我綜合心理健康專業臨床經驗和人生經歷創作的虛構情節，如有雷同，純屬巧合。

本書的內容主要供參考用，不能用來診斷、治療或解決任何心理健康的問題。雖然書名有些厚顏無恥，不過這本書真的不能取代醫師或專業心理師的角色。有任何心理健康的困擾，還是要找醫師或持有專業證照的心理師討論。如果你正在經歷心理危機、擔心自身的安全，請不要猶豫，立刻去最近的急診室，或撥打 1925 免付費安心專線。

最後提醒一下，如果你對粗話比較敏感，建議你考慮選擇其他書籍。我個人是認為，面對生活的紛紛擾擾，偶爾來點粗話挺有療癒效果的。

contents

目錄

前言

如果你不能飛，那就跑；如果你不能跑，那就走；如果你不能走，那就爬；但無論如何，你都必須繼續向前邁進。

——馬丁．路德．金（Martin Luther King Jr.）

你終於下定決心去找心理師聊聊，好好照顧自己的心理健康，這真的很棒！但接著你發現，原來與心理師聊一小時的費用，竟然快要可以買半張飛往芝加哥的機票，或是高級百貨賣的一雙名牌鞋。你原以為保險會幫忙付一點，結果你的保險根本不含心理諮商。

又或者，你認真替心理諮商存了一筆預算，開始查《今日心理學》（*Psychology Today*）雜誌上的心理師名單，四處問人有沒有推薦的心理師，然後一個個打電話過去，問有沒有空檔，結果每個人都告訴你，要等三個月。你的心情已經夠低落、夠焦慮，整個人也累炸了，哪還有力氣面對這種事，對吧？

我懂，真的懂。光是找到一位合適的心理師就已經很困難了，要遇見一個跟自己合得來的，更是難上加難。身為一位在華盛頓特區執業的心理師，我每個月收到的轉介個案多到處理不完。說真的，無法為那些主動尋求支持的人做點什麼，我心裡很挫折。所以，才有了這本書的誕生，算是我為無法服務到的人們提供支持的方式。這本書無法取代持有專業證照的心理健康專家的治療，但裡頭整理了我平日在諮商室與個案分享的技巧和方法。

你真的值得過得更好，而我相信這件事是可能發生的。我如此深信，不只因為我見證過許多個案令人驚嘆的轉變，也因為我天天都為他們在諮商室展現出的勇氣感到由衷敬佩。另一方面，我自己的人生經歷告訴我，改變是做得到的。大學畢業後，我從伊利諾伊州南部的玉米田來到華盛頓特區，懷抱著闖出一番事業的夢想，想著我也許可以從政，或做些影響國際政策的大事。但現實是，我連影印機都不會用，更別說泡出一杯能喝的咖啡了。那段時間，我在疑似憂鬱症和沒解開的悲痛中掙扎，每次遇到難以開口的時候，或者必須為自己發聲的場合，我講話聲音都在顫抖，眼眶也常常是濕潤的。當時，我靠著在喬氏超市（Trader

Joe's）才買得到的「兩塊美金酒」——廉價的赤霞珠紅酒，還有一大塊香腸披薩片，來安慰自己的心靈。

這本書，正是我當年非常希望能擁有的那本書。我像是寫給年輕時的我——那個還不知道透過心理諮商、學習成長、自我疼惜、幾個好朋友，以及一張抗憂鬱藥處方箋，能讓生活變得更好的我。

究竟什麼是心理諮商？

有些人可能會覺得心理諮商很神祕，像巫術一樣，其實真的不是。心理師沒有什麼魔杖，通常只有一杯又一杯的咖啡。說穿了，心理諮商是一種方法，幫你看清楚自己哪些方面還不錯、哪些方面可以調整，也會陪你找到自己的優點和弱點。心理諮商提供一個安全的空間，讓你可以面對自己的不安全感、負面想法和不健康的生活習慣，而你絕對不會受到批判或指責。從這裡開始，你有機會一步步往更好的方向邁進。

心理諮商也能在你邁出正向改變的第一步時，推動你做出實際的行動。改變本來就不容易，過程也未必是直線進行的。我們的大腦天生傾向於追求熟悉和舒適，即使這些事物未必對我們最好。（這就是為什麼我總是想吃巧克力胡桃太妃糖，而不是去散步。）心理諮商就是一個讓你可以找出哪些事物阻礙了正向改變的地方。就像我中學時期那位風采迷人的合唱團老師威卡德女士常說的：「去面對、去調適。」這正是心理諮商的意義：在你摸索如何應對生活中的各種挑戰時，幫助你學會面對和調適。

在一般的心理諮商過程中，心理師會問你問題，幫助你釐清個人的目標，並提供不帶批評的支持，還會從聊天中整理出你的行為模式，進一步給你回饋，讓你可以自己回去思考。心理諮商就像一個小天地，你可以自在分享生活點滴，不用怕被當成怪人、瘋子、失控或擔心惹人嫌。一切為了你而設計，整個過程以你的需求與目標為主，每週有一小時的時間，專門討論你的心理健康。

說真的，這幾年社會、政治與經濟的變化如此劇烈，每個人或多或少都需要心理諮商。更何況我們還得面對全球疫情、人際關係、約會煩惱、堆積如山的髒衣物，還有一天的第二十七場Zoom會議——生活真的令人喘不過氣，每個人都需要被支持，也值得被理解與肯定。就連心理師也不例外，我們就像你一樣，也在與自己的挑戰奮鬥，不見得都活得好、沒煩惱。你不信？那我老實告訴你吧，今天早上我只是剝個水煮蛋，居然也能把自己割傷；我家客廳的狀態，目前只能用「現場疑似發生過激烈掙扎」來形容；而我四歲的女兒已經連續八天拒絕梳頭髮，開始有點野孩子的樣子了。心理師的生活不會是一百分，只是我們學過如何培養韌性，也懂得一些適應人生這場遊戲的策略而已。

這本書如何幫助你

或許是最近看了太多改編自真實事件的犯罪影集，每次與新個案合作，我總是覺得自己有點像偵探。第一次晤談時，我會考慮所有可能影響心理健康的因素，包括體能狀況、人際關係、科技使用習慣、工作與生活的平衡、過去經驗、身體健康以及整體生活方式等。接著，我的大腦會開始不停運轉，試著找出導致焦慮、壓力過大、情緒低落或沒動力的原因。

值得慶幸的是，你不一定要靠心理師，也可以自己進行這類評估。你可以練習自我反省、關注身心連結、學習管理情緒、建立健康的人際界線，以及利用書中的技巧替自己找出生活意義。你，也可以邁向正向的改變。其實，心理諮商有一個鮮為人知的事實：真正的改變，往往是發生在諮商室之外。當你對自己認識越深，開始實踐新的生活方式，轉變就會悄悄發生。

我無法為你消除所有的煩惱或痛苦，但可以提供一些建議，幫你早點脫離痛苦的漩渦。不過，請千萬記住一點：不是每項建議都適合每個人。有人能從冥想中獲得幫助，有些人則可能需要在健身房揮汗，搭配震耳欲聾的音樂，才能釋放壓力。每個人都是獨一無二的，因此你也會有屬於自己的心理保健之道。我鼓勵你，在閱讀這本書的同時，也多多嘗試不同的方法，真心地給它們一個機會，看看哪些對你效果顯著。如果你試了某種技巧，發現完全沒用，那也無妨！放下它，換個方式就好。人生是你自己的，重點是找到真正適合自己的那一套。那些對你媽媽、姊妹、朋友、主管、社群媒體上追蹤的網美有效的做法，甚至是在《時人》（*People*）雜誌上看到對明星超級有幫助的祕訣，你真的不需要照單全收。

我知道，當你感到卡關、倦怠或情緒非常低落時，改變會格外困難。但請記住，有這種感覺的不只你一個人。別忘了，長時間累積的小行動，最終也能帶來深遠的改變。所以，你不用在一夜之間徹底翻轉生活方式，但是，你應當為每一個邁向正向改變的小決定感到欣慰，因為你的價值與你的生產力或成就毫無關係。現在的你，已經很棒了。我也不覺得「找到自己」這件事是一次就能達到的任務，誰都有偏離軌道的時候，這再正常不過。今天最重要的大事，或許明天就成了芝麻小事，這也沒有關係。你隨時都可以重新找回自己，而且在這個過程中發現自己又有了新的成長。但願這本書能陪你一起踏上回到自己身邊的路。

Chapter 1

自我照顧是生存技能

我的人生使命，不只是活著，

更是要活得精彩；

以熱情、憐憫、幽默和格調，

活出自我。

——瑪雅・安傑洛（Maya Angelou）

自我照顧是根本的生存之道

就算我是全球頂尖的心理師、熟悉最新的療法，在某些情況下，也可能完全幫不上你的忙——比方說，你長期睡眠不足、三餐只靠奧利奧夾心餅乾和起司漢堡果腹、每天痛飲四罐啤酒，或是一天有十二個小時緊盯著手機螢幕。學會察覺自己的思考模式與核心理念固然非常重要，但自我照顧的基本功同樣不容忽視。

我第一次接觸到「**自我照顧**」（Self-Care）這個詞，是在攻讀社會工作研究所的時候。當時，教授們極力提醒我們這些菜鳥心理師，千萬別因為接觸到個案的困境，或受到實習機構的種種限制，而在不知不覺中受到間接創傷。他們鼓勵我們培養健康的生活習慣，唯有如此，才能保持專注，全心全意關懷眼前的個案。

但那時的我，完全誤解了「自我照顧」的真諦，以為只是做些讓自己開心的事，或是犒賞自己。於是，我頻繁預約超出經濟負擔的足部護理（一次要三十美元！）在Five Guys大啖起司漢堡和薯條，晚上再來幾杯紅酒——結果只換得了宿醉與浮腫。腳確實是變漂亮了，但信用卡帳單也變得更驚人。

我花了一段時間才明白什麼是真正的自我照顧。自我照顧，其實就是有意識地花時間做一些讓自己每天能夠好好過生活的事，而這些事情未必非常有趣或好玩。自我照顧，是為了長期的健康而付出行動，讓自己在心理、生理、情感上都能充電，不論是與總是不打招呼就跑來的家人設立界線、下班後關閉電子郵件通知，還是選擇早點上床睡覺，不再熬夜補償錯失的休閒時間（這就是所謂的「報復性熬夜」）。自我照顧追求的不是短暫的享樂，而是長期的健康和生活品質。你可以把自己的精力、耐心和整體心理健康想像成銀行帳戶：有些活動會消耗帳戶中的存款，而自我照顧則是幫你把存款一點一滴地存回去。

在本章中，我將拆解對自我照顧的幾個常見誤解，介紹各種不同形式的自我照顧方式，並帶你一步步學習如何將這些方法實際應用在生活中。

常見的自我照顧誤解

近年來，「**自我照顧**」一詞在社群媒體和大眾文化中走紅，幾乎隨處可見！根據Google搜尋趨勢顯示，從二〇一九年到二〇二〇年[1]，與自我照顧相關的搜尋量增加了百分之兩百五十，而全球健康產業的市值也已高達一．五兆美元。[2]甚至有專門的雜誌和電視節目討論自我照顧的概念，企業也洞察到這股趨勢，推出主打自我照顧的產品與服務。就連大明星葛妮絲．派特洛（Gwyneth Paltrow），也透過她的品牌Goop，在Netflix推出一套節目，專門介紹最新的健康潮流。自我照顧成了當前的社會顯學，但圍繞著這個概念的迷思仍然不斷流傳。

迷思一 自我照顧是自私的表現

照顧自己，有時會讓人覺得是自私的行為。許多人傾向於把精力放在對他人的付出——做個稱職的父母、員工、伴侶、家人、朋友，甚至是社群成員——忘了把自己擺在第一位。

尤其是女性，從小就被我們的文化教導要犧牲自己、照顧他人。正如艾蜜莉・納高斯基（Emily Nagoski）和艾米莉亞・納高斯基（Amelia Nagoski）在《情緒耗竭》一書中的精闢解釋，社會期待女性時時刻刻保持美麗、冷靜、慷慨，並關心他人的需求。這種責任感有時讓人不堪負荷。

事實上，自我照顧非常重要，唯有如此，你才能活出精彩人生，並有餘力積極參與社會。優先照顧好自己的需求，不代表剝奪他人的任何權益。若無法先善待自己，又怎能真正照顧他人？就像搭飛機時遇到氣壓變化，空服員總會提醒你先戴好自己的氧氣面罩，再去協助他人。換句話說，自我照顧，就是你人生中的氧氣面罩。

迷思二 自我照顧既昂貴又耗時，只適合女性

瀏覽社群媒體和觀看實境節目，容易讓人誤以為自我照顧就是砸錢請私人教練、喝綠拿鐵。在西方文化中，《比佛利山貴婦的真實生活》一類的電視節目，

塑造出一種刻板印象，好像自我照顧是富裕白人女性的專屬特權，於是自我照顧幾乎成了奢侈的象徵，比如在高級度假村享受昂貴的水療，或與三五女性密友前往頂級酒莊度假。這些確實令人嚮往（我承認，我在高級超市Fresh Market花了不少錢買薑味康普茶），但絕對不是維持良好身心狀態的必要條件。

如果你想要好好照顧自己，完全不必購買昂貴的芳療套組、排毒沐浴皂、助眠眼罩、精美的日記或大麻二酚精油。自我照顧不需要這些物品。不過，如果你想買療癒水晶，那就隨便你吧。（老實說，我自己就是會買療癒水晶的人。我收藏了各式各樣的水晶，總是無法抗拒那些聲稱能提升直覺、帶來內心平靜的漂亮石頭。）

相較之下，真正的自我照顧是透過一連串持續的小行動，讓身心逐漸恢復活力，不論你的年齡、性別、種族、性別認同或社會經濟背景為何。抽空洗個熱水澡、整理髮型、規畫預算，或是睡個好覺，都是自我照顧。你也可以午休時去路上走一走，或是簡單傳個「想你」的簡訊給朋友。

當生活壓得你喘不過氣來，忙到無暇分身時，你或許覺得根本無法進行任何形式的自我照顧。的確，面對沉重的生活需求時，要照顧自己並不容易，但你仍舊可以透過一些小動作，讓自己感受好一些。即使只是在連鎖藥局Walgreens的結帳隊伍中做幾次深呼吸，或花五分鐘慢慢喝完一杯水，也都是自我照顧的方式。

迷思三　自我照顧是不必要的

「奮鬥文化」（Hustle Culture）給所有人一種誤解，以為真心想成功，就應該努力不懈地工作，犧牲自己的需求。在Instagram上滑個幾分鐘，你可能就會看到各種推崇奮鬥文化的迷因，什麼「奮起努力」、「找到你的熱情」和「活出你的夢想」之類的陳腔濫調。只有我一個人看到這些會覺得胃痛嗎？我認為那種壓力實在太沉重了啊！我不知道你怎麼想，但我可不想天天都這樣拚命，有時，我真的只想起床耍廢。

記得剛進職場時，我曾把「努力工作、盡情玩樂」當成理想，而且內化了這個訊息，認為需要休息和放鬆是一種軟弱的表現，總覺得自己必須不斷做更多的事，於是否定自己的基本需求，想辦法硬撐下去。然而現實是，做了更多的事情卻忽略自己的需求，並不是通往成功的途徑，反而是倦怠的主因。當你總是專注於不停努力時，你會忘記享受當下的美好，你會長時間忽略照顧自己的需求。此外，當你總是一心追逐下一個大目標時，很難用心陪伴生活周遭你所重視的人。

自我照顧，不是你完成所有的待辦事項、表現得夠「有效率」之後才配擁有的事。練習自我照顧，不會讓你顯得「軟弱」，反而是一種堅強的表現——這代表你重視自己。

迷思四 自我照顧就是任何讓人感覺良好的事

我們的大腦天生傾向追求能夠迅速帶來快感的事物，例如瀏覽社交媒體、點下「立即購買」的按鈕，或是在漫長的一天後從冰箱中拿出一罐精釀啤酒。偶爾享受美味的巧克力杯子蛋糕，或是在TikTok上看幾段影片，這當然沒什麼問題。犒賞自己可以是平衡生活的一部分。

但是，當你過度依賴那些讓你當下感覺良好、但事後會感覺更糟的行為時，問題就來了。快速的應急處理不能成為你面對困難的預設反應，因為「麻痺自己」和「確實恢復」之間存在著明顯的差異。關鍵在於你從事某項活動的動機。

你看電視，是因為真的喜歡這個節目，覺得它很吸引人？還是因為你今天實在太累了，只想一口氣追完整季影集，以逃避不想面對的情緒？你享受那片美味的胡蘿蔔蛋糕時，有沒有細細品味每一口的滋味？當你狼吞虎嚥吃薯條時，是不是想從壓力沉重的一天中獲得一絲安慰？許多讓人一時感覺快樂的事情，並不會帶來長久的健康或真正的滿足。

同樣地，許多當下不一定讓人感覺快樂或享受的事，其實也是自我照顧的一部分，包括提前準備好一週的蔬菜、早起運動，或是安排年度的健康檢查。

迷思五 自我照顧等於自我提升

我們的文化熱愛勵志故事。書架和雜誌上充斥著各種建議，教你如何變得不同或看起來不同、教你如何提升自我。我也承認，對於那些呈現驚人前後對比的衣櫥改造節目，我毫無招架之力。但是，自我照顧不等於自我提升。自我提升的目標是成為更好的自己，而自我照顧則是接納並尊重你現有的狀態。雖然自我照顧久而久之可能會帶來正向的轉變，但這並不是自我照顧的目標。你此刻的狀態，就已經值得被照顧與珍惜。

拿我自己來說吧，我以前運動，為的是達到不切實際的審美標準——我必須符合某種外貌，體型還得夠苗條（這要「歸功」於九〇～二千年代那些經過修圖、閃閃發亮、毫無身體多樣性的雜誌廣告）。當時我相信，如果沒有消耗大量的卡路里，就不算做了運動，但其實所有形式的運動都是有益處的。（我對著年輕時的自己只能搖頭——那時根本不懂各種運動的價值，唉！）現在，我從事體能活動，是為了管理壓力、改善心情以及增強體力，好讓我能從事自己熱愛的活動。我運動，是為了享受其中的樂趣，如果有即興的舞會，我絕對不會拒絕。

自我照顧的形式

自我照顧有多種形式，包括身體、心理、情緒、心靈、休閒、財務以及職業等方面。本節將帶你深入認識每個類別所涵蓋的內容，因為多數人往往在某些方面能滿足自我照顧的需求，但在其他地方卻做得不夠理想。舉例來說，你可能事業很有成就，並完成了夢想中的十公里路跑，卻沒有抽空與大學摯友聯繫，也沒有充分掌握自己的財務狀況。透過認識不同方面的自我照顧，你可以發現生活中更需要關注的部分。

身體照顧

身體照顧，指的是任何有助於維持身體健康與生活品質的活動，包括定期健康檢查、每年看兩次牙醫、繫安全帶、安全性行為，以及攝取適量水分等。攝取足夠的營養、規律運動和充足睡眠，對於調節情緒和穩定心情非常重要，這三者是保持良好心情的第一道防線，因此特別值得重視。

營養

腸道內住著數以萬億計的微生物，這些微生物參與消化食物到支持免疫系統等各種身體功能。過去十年的研究指出，這些腸道微生物群經由所謂的「腸腦軸」（大腦和腸消化道之間的溝通橋梁）的雙向溝通系統，在影響你的情緒。事實上，由於腸道與心理健康的密切關係，它有時也被稱為「第二大腦」。

那麼，這對你來說意味著什麼呢？這表示，改善腸胃健康就可以改善情緒狀態。你可以藉由改變飲食習慣降低腸胃系統的發炎，例如攝取發酵食品、增加纖維攝取量、採用地中海式飲食，並補充益生菌和益生元。儘管腸腦軸的研究仍在發展中，但飲食上的改變確實可能減輕焦慮和抑鬱症狀。

穩定血糖同樣能幫助你進一步管理心理健康。你可以增加蛋白質和纖維的攝取，減少單一碳水化合物和甜食的攝取，以維持血糖的穩定。如果你覺得早晨特別難熬，或許該考慮將早餐內容換成更有助於維持能量的食物；與其以藍莓瑪芬或穀片當早餐，不如嘗試高蛋白質的選項，例如歐姆蛋或希臘優格。此外，你需要對進食這件事更用心，讓一整天的飲食更規律。

反省飲食習慣，有助於你更深入了解自身的心理健康。不過，在進行任何重大的飲食調整之前，請務必諮詢家庭醫師或合格的營養師。良好的心理與身體健康需要多方的支持與協助。

運動

運動往往被視為追求某種外型或減重的手段。別再這麼想了！運動，不是為了縮小尺寸，或努力達到不切實際的標準。運動，也不該是因為你吃了所謂「不好」的食物而對身體施加的懲罰。（對你不好的食物，只有那些發霉、過期或會讓你脹氣的東西。）

其實，現在正是重新定義「運動」的時候。就像作家兼健康教育專家艾蜜莉・納高斯基說的：「體能活動是完成壓力反應循環最有效的方法。」[3] 那些白天積累在你身體裡的緊繃與壓力，運動就是最好的釋放方法。如果你想放點音樂在家中隨意舞動，那也算運動啊。種花、打掃、伸展、散步，這些通通都算！甚至在接了一通讓人倍感壓力的電話後，起身甩甩手腳、讓身體動一動——那可是真的會把緊張「甩掉」的。如果你想做更多運動，那就盡情去動吧！

活動身體有無窮無盡的方法，重點是以自己舒適的方式動起來，從任何你覺得可以做到的動作開始，再逐步增加。我希望你運動，是因為你愛自己、認為自己值得擁有讓人快樂的腦內啡。

睡眠和休息

有一次，我和朋友克莉絲汀娜結伴到希臘旅行。我們來到了以狂歡著名的米克諾斯島，玩了一陣子後，我告訴克莉絲汀娜，我想回民宿休息了，她卻激動地對我說：「你死後有的是時間睡覺！」於是，我無視自己的疲憊，和她一同去了懸崖邊一個名叫「天堂之洞」的俱樂部。當我們清晨七點踏上歸途時，路上遇見幾位準備要去教堂禮拜的希臘東正教老太太，我應該沒有看錯，有幾位在我們經過時往胸口劃了十字。

如今，我對狂歡的定義，已經變成從我最喜歡的泰國餐廳外帶晚餐享用，接著沉浸在一本好書中，然後點上擴香機、享受八個小時的甜美好覺。老實說，我真希望「睡覺」能被算成一種嗜好，因為我實在太擅長這件事了。然而，大多數人並沒有獲得充分的睡眠。一般成年人每晚需要七到九小時的睡眠，許多人熬夜不睡，只為了再看一集最愛的Netflix節目，而忽略了身體發出的疲憊信號，沒有乖乖上床睡覺。也有人因為上夜班，作息紊亂。還有些人容易半夜驚醒，再也睡不著覺，只能盯著天花板，腦海閃過一千個念頭。這些狀況都讓人難以獲得高品質的休息。

要提升睡眠品質，不只要讓科技產品遠離臥室，更要避免睡前盯著螢幕看，避開「再看一集」、網路購物、回覆簡訊或滑社交媒體的強烈誘惑。這種經驗我也有過。我不喜歡寒冷的氣候，也百分之百確定我永遠不會去爬聖母峰，但不知道為什麼，幾年前我莫名其妙養成了熬夜在YouTube上看聖母峰探險影片的習慣，只是想看看誰的鼻子或腳趾會先凍傷。YouTube真是一個無底洞，一腳陷進去就出不來了。不過，各種應用程式和社交媒體，設計主旨不就是為了讓我們欲罷不能嗎？

我發現最有效改善睡眠的小技巧，就是把手機放在臥室外充電，改用傳統鬧鐘叫醒自己。通常我會把手機放在浴室或廚房充電。第一晚你可能覺得怪怪的，好像沒穿衣服或少了條手臂一樣，但試著撐過手機不在臥室裡的不安，看看幾天後會有什麼改變。很可能你會發現自己睡得更安穩了。

你也可以試試睡前做一次「大腦清空」。拿一張紙，花一兩分鐘的時間，隨意寫下腦中浮現的所有想法。把待辦事項、擔憂和煩惱通通寫下來，不用在意字有沒有寫對或標點符號的使用，盡可能把一切寫下來。寫好後，暫時讓這張紙代替你承擔所有的憂慮，直到隔天早上再來面對。（提醒：如果這個過程會讓你產生焦慮，或陷入負面思考的漩渦，請不要勉強自己。）

除了獲得優質睡眠，也請務必優先讓你的身體與心靈得到休息。在一個經常將個人價值與生產力畫上等號的文化中，休息可能並不容易。事實上，許多人認為他們必須設法「賺取」休息時間。你可能告訴自己，等完成最後一項任務或收拾好廚房後，才可以上床睡覺。但是，休息並不是一種必須賺取的東西。如果你覺得需要休息，絕對不是因為懶惰！休息是你為大腦和身體充電的必要方式。

你可以透過暫時抽離日常生活來讓自己休息一下，像是享受片刻的獨處、親近大自然、遠離螢幕與電子設備。或是拒絕對你沒幫助的社交邀約、暫時放下肩上的責任，並允許自己不必隨時伸出援手，也不一定要做出有具體成效的事。

心理照顧

心理層面的自我照顧，指的是從事能夠激發心智與創造力的活動，包括任何讓你感到有趣且富有啟發性的事物，例如拼圖、培養新興趣、下棋、收聽

Podcast、學習新技能、寫日記、閱讀、繪畫，或是參加你一直想嘗試的線上課程。當你感到陷入停滯時，這類心理自我照顧能幫助你釐清思緒，滋養內在心靈。養成心理自我照顧的習慣，可以避免自己掉入生活缺乏期待、失去動力，甚至連早上起床都變得困難的低潮。

情緒照顧

許多人只熟悉四種基本情緒——生氣、悲傷、快樂和害怕。但情緒的範圍其實遠比這四種來得廣泛。情緒層面的自我照顧，包括學習辨識並表達自己的感受。當你能清楚說出自己正在經歷的情緒時，這些情緒對你的影響也會減弱。接著，你就可以採取行動，更有效地調整與因應。如果你覺得辨識情緒不容易，可以參考網路上眾多的情緒圖表，或從Etsy或Amazon等購物平臺購買相關手冊。我曾有一位個案，甚至買到一個印有各種情緒的彩色抱枕。試著在一天當中不時問問自己：**我現在是什麼感受**？你可能會發現自己的情緒往往交錯不一，例如同時感到無聊和疲憊，卻又帶點興奮和滿足，這都是很正常的狀態。

如果你經常覺得無法掌控自己的情緒，或容易被外在環境觸發強烈反應，那麼將情緒照顧融入日常生活，對你會有很大的幫助。許多人發現，寫日記、朗誦正面肯定語、冥想、閱讀勵志書籍或接受心理諮商，都能有效做到情緒上的自我照顧。你也可以透過「感恩練習」，發掘自己、他人和生活中值得欣賞的地方，進一步認識自己的情緒。在第四章中，我會介紹情緒調節的方法。

心靈照顧

心靈照顧，就是讓你與某種超越自我的事物建立更深層連結的活動。除非你真的樂在其中，否則未必要在山頂打坐好幾個小時。心靈照顧也不必與宗教有關，當然，若你喜歡用宗教方式來實踐，自然也是沒問題。每個人表達靈性的方式都不同，有人會透過志工服務、冥想或親近大自然來尋找意義，也有人會選擇藝術創作、參加信仰團體、家庭團契、祈禱、舞蹈或歌唱。你只需要找到適合自己的方式，重點在於感受到超越自身的那份意義和連結。

休閒照顧

休閒層面的自我照顧，就是刻意撥出時間，從事能讓自己感到快樂和享受的活動嗜好——簡單講，就是好好去玩！你有哪些喜好？你喜歡與誰共度時光？很多時候，我們參加某些活動，只因為我們**認為**自己應該要喜歡這些活動，實際上內心一點樂趣也沒有。舉我自己的例子吧，二十出頭時，我曾加入公司的壘球隊，因為大家都加入了。幾年後我才終於鼓起勇氣承認，我其實好討厭壘球，接球對我來說簡直是不可能的任務。不過，我很擅長準備點心，所以後來改做後勤，負責分發水果切片和冰鎮飲料。這樣一來，我依然能穿上公司T恤，感受到團隊的歸屬感，但不必承受掉球的壓力。要實踐休閒層面的自我照顧，不妨想一想：哪些活動能帶給你真正的快樂，然後，努力讓更多**這類活動**融入你的日常生活中。

財務照顧

財務照顧，是培養良好的消費與儲蓄習慣，並奠定穩健財務的基礎，包括規畫預算、爭取合理薪資、建立緊急預備金，以應付生活中不可避免的意外開銷。規畫退休、準時繳納帳單、避免超出自身能力的消費行為等，都是財務照顧的一部分。比方說，當朋友的婚禮或奢華生日派對辦在遙遠的城市，你必須刷信用卡才能完成整趟旅程時，你就應該學會禮貌婉拒邀約。與朋友一同前往高級法式餐廳固然令人愉快，但前提是你不會在享用牛排薯條的同時，擔憂帳單的到來。

職業照顧

職業照顧，就是在工作和職涯發展的過程中，主動幫自己爭取支持、維持身心平衡。像是與職場導師合作、參與專業發展研討會學習新技能等；也可能是選擇離開辦公桌好好用餐、下班後不再查看電子郵件，或在必要時善用慰勞假。當你發現目前的工作環境不再適合自己，勇敢探索更契合自身價值觀與個性的機會，積極尋找新的職涯發展方向，這也是職業上的自我照顧。

找出你的自我照顧需求

我的好友蘇珊．格雷諾茲博士（Susan Greynolds）與我一樣是心理師，最近我們聊到，我們其實不太喜歡「自我照顧」這個詞，因為它經常被人誤解，甚至被資本主義利用，淪為一種手段，用來推銷我們根本不需要的商品。為了對抗這種現象，她經常會問個案：「你的靈魂需要什麼？」這個問題有助於確認當下真正有益的自我照顧方式。你靈魂的需求也許很簡單，比如小睡十分鐘；也可能是更複雜的改變，比如擺脫一段不健康的關係。但是，除非經常靜下心來問問自己，否則你可能無法了解自己真正的需求。另一種找出自我照顧需求的方法是問問自己：「現在有什麼事情，能讓我的生活壓力減少百分之五或十？」過程中別給自己過多的壓力，不要覺得非得一次就徹底改變或解決全部問題。相反地，可以找出可能會讓情況稍微好轉的小改變，慢慢將它變成你的習慣。比如，睡前把洗碗機裡的乾淨碗盤先拿出來，隔天一早可能更從容；或者，午休時間出去散散步，再回到複雜的工作上，可能會更有精神。總之，從小地方、小改變做起。

有效的自我照顧實踐之道

如果想開始做出必要的改變，並且在日常生活中落實更多的自我照顧，首先要確認哪些改變是真正掌握在自己手中。許多人誤以為只要把事情「做好」，替所有可能的狀況事先做好安排，便能掌控生活中的每一件事。我很不想潑你冷水，但現實是，總有一些事情超出你的掌握。天氣、高速公路的車流量、他人的想法、朋友的行徑、帳單、稅金，甚至死亡——你都無法控制。我懂，這的確令人感到無力與沮喪。

前幾天，我看了一部很可愛的ＨＢＯ影集《堪薩斯之歌》，裡面我特別喜歡一個角色——弗雷德．羅可可，他說了一句話，我覺得非常有感：「掌控你能掌控的。」你可以決定與誰相處、瀏覽什麼網路內容、培養什麼習慣、如何安排日常生活、如何分配金錢，甚至決定車上要不要放一把雨傘。即使生活偶爾看似失控，你仍舊擁有一定的自主權，可以做出對自己有益的選擇。

像是我的個案克拉拉，她最近做了乳房X光檢查，結果顯示異常，必須進一步接受切片檢查。遇到這種情況，她難免感到焦慮，不知道該如何度過等待檢驗結果的那幾天。她的思緒開始失控，不斷想像可能的未來情境。後來，克拉拉深吸了一口氣，問自己：「什麼是我能掌控的？」她無法左右切片檢查的結果，但她可以專心照顧自己，比如確保充足睡眠、攝取營養食物，或是到屋外散散步放鬆心情，以及整理衣櫥，讓自己保持忙碌。這些微小的行動讓她在等待期間找到一絲穩定。最終，她收到了好消息——她並沒有罹患癌症。

若想在生活中開始做出**能掌控的改變**，不妨先思考一下，你理想中的一天會是什麼樣子？早上會做什麼？一天的節奏如何安排？晚間又會進行哪些活動？試著先將一小部分的理想化為現實。記住，不必一口氣就徹底翻轉全部的生活習慣，從一個小改變開始，再逐步累積，才能為成功打下穩固的基礎。例如，你理想中的早晨是起床後有時間喝杯咖啡、閱讀新聞，那麼這一週可以嘗試把鬧鐘提早十五分鐘，甚至前一天晚上就設定好咖啡機。接著，觀察自己在這個新的日常習慣中的感受與變化。

許多個案也發現，在工作開始前和結束後建立「簽到」和「簽退」的儀式感，有助於區分工作與生活。「簽到儀式」的例子有：

- 喝一杯咖啡或水
- 檢視當天的行程安排
- 重新整理待辦事項清單
- 確定當天最重要的三件事

而「簽退儀式」的例子則包括：

- 回顧一天中最順利與最具挑戰的時刻
- 下班前整理辦公桌

- 反思當天的工作成果
- 下班後聆聽自己喜愛的音樂

這類儀式的目標，是協助我們在個人生活與工作之間順利切換，尤其是在工作和家庭界線日益模糊的現代，儀式感能帶來安全感與穩定性。因為我們喜歡知道接下來會發生什麼事，缺乏這種外在結構與例行公事時，許多人容易感到迷惘與不安。

焦慮或情緒低落時，自我照顧的小祕訣

說到拖延，我也很有經驗，甚至擁有一套鉛筆，上面刻著「他X的快去做啦！」當人處於焦慮或情緒低落的狀態時，會提不起勁做事，更不用說清楚思考了。（在接下來的章節中，我會進一步解釋原因。）這種情況會讓你更難投入原

本有助於提升情緒的自我照顧活動。幸好，這裡有一些小祕訣，可以幫助你在壓力巨大或出現焦慮、憂鬱症狀時，仍然能夠採取的積極行動。

確定今天最重要的三件事

待辦事項清單固然非常實用，但很容易一不小心就列出太多工作，成了「無底洞清單」。不妨問問自己：**什麼事會讓我感覺今天算是有收穫，或是過得還算有意義？我需要完成什麼，才會覺得今天還不錯？**你的答案，就是今天的重點任務。把焦點放在其中兩到三件最重要的事情上，從這幾件事下手。

舉個例子來說，我的個案瑪榭拉是一名很有成就的平面設計師，卻經常一方面覺得自己做得不夠，一方面又抱怨工作太多。每天結束時，她盯著待辦事項清單，覺得自己很失敗，因為她沒有完成所有的工作。後來，她開始嘗試每天早上花幾分鐘思考一件事：「今天需要完成哪些事，我才會覺得這一天過得很不錯？」她發現，用心陪伴孩子、完成非營利組織客戶的宣傳手冊初稿，還有開發票給客戶，都能讓她覺得這一天過得很充實。當瑪榭拉開始把注意力放在這幾件真正重要的事情上時，她逐漸看到了自己的進展，也開始肯定自己的工作成果，不再為了未竟的工作而煩心。

拆解任務

當你鎖定好今天最重要的兩到三件事，接下來就是——拆！解！它！把這些工作分解成更細、更小的步驟，真的像「嬰兒學步」等級的小步驟。通常，完成一項任務最難的部分就是「開始」，如果你能讓「開始」變得超簡單，那麼你已經成功一半了。比方說，身為心理師的我，需要整理大量的筆記和記錄。說真的，我不喜歡做這件事，卻又完全躲不掉。為了好好完成這些文書工作，我會把整個任務拆成小步驟，甚至在紙上寫下這些內容：

- 步驟一：泡咖啡
- 步驟二：喝咖啡
- 步驟三：打開電腦

●步驟四：打開個案資料庫

●步驟五：開始寫筆記

每完成一個小步驟我都會打勾，然後獲得滿滿的成就感。泡好咖啡？打勾！喝完咖啡？打勾！我真是太強了！

善用計畫工具

有些人是規畫小天才，好像腦袋內建了手帳或數位APP，把生活安排得有條不紊。但如果你不是這類天生好手，不妨考慮每天寫下待辦事項。花點時間更新行程、整理行事曆，別再硬把所有事情都記在腦子裡，最後因為忘記一件小事而覺得很挫折。找到適合自己的記事方式，把所有資訊集中在一個地方，無論是在冰箱上貼滿便條貼、使用精美的三環活頁筆記本，還是每日準時更新電子行事曆，都能幫助你更有條理地管理生活。

嘗試單一任務和計時法

說真的，我不太愛所謂的「多工處理」（Multitasking），也不相信它真有那麼神。抱歉，但我不會改變這個想法。其實，真正的「多工處理」，不是說你能同時做兩件事情，而是指在不同任務之間不停地快速切換。問題是，每切換一次，都得重新集中注意力一次，這根本是在消耗寶貴的時間和精力。

與其多工處理，不如試試「單一任務處理」：一次只專心做好一件事。要實踐單一任務處理，可以搭配「計時法」。很簡單，設定一個計時器，給自己五分鐘或十分鐘，這段時間內，不回Email、不看簡訊，也不離開位子去拿零食或喝水──就是專心把那件事做完。試試這種完全不受打擾的短時間專注模式，看看你有什麼心得。你可能會驚訝地發現：哇，原來我五分鐘就能搞定那麼多事！

拿我的個案泰倫斯來說吧，他一個人住在華盛頓特區的標準單身公寓，家中沒有洗碗機，廚房經常堆滿髒碗盤，讓他感到壓力很大，進而陷入一連串越想越糟糕的負面想法與情緒中。「我的廚房這麼亂，我整個人也是一團糟。我效率超低，什麼都做不好。根本沒有人會想來我家。」這些念頭讓他的情緒更加低落，於是乾脆拿起手機點了外送，想靠吃轉移注意力。結果呢？廚房照樣一團亂。

後來，泰倫斯嘗試了計時法。雖然他根本不想打掃廚房，還是告訴自己：「五分鐘就好，不管做什麼，我都可以忍五分鐘。」結果讓他非常驚訝——短短五分鐘內，他竟然把水槽中所有的碗盤都洗乾淨了。於是，他又設了一次計時器，這一次，他把所有的碗盤都擦乾收起來。等他回過神來時，廚房已經煥然一新，他也體驗到久違的成就感。這份成就感讓他充滿了動力，甚至特地出門購買食材，挑戰一道從沒做過的義大利麵食譜！

只是把計時器設定成五分鐘，卻為泰倫斯帶來一連串正向的改變。你也可以親自體驗這種積極的轉變：從一件小事做起，嘗試單一任務處理；從五分鐘開始，之後再慢慢拉長時間。這就像在健身房重訓，你正在鍛鍊自己的「專注力」。

身體陪伴法（也就是「邀朋友一起來」）

所謂的「身體陪伴法」，就是在另一個人的陪伴下完成任務。很多人發現，當身旁有人時，自己會更容易保持專注。另一個人的存在，不只讓工作變得比較有趣，還能幫助你繼續堅持，並提供正向的回饋。常見的做法有：與室友一起做家事、和同學一起念書，或是找朋友陪你整理衣櫥。但有個重點要記住：慎選夥伴！我有幾個朋友，我真的很愛他們，但他們老是讓我分心，如果找他們來陪我，最後我們只會狂聊天，猛吃墨西哥玉米片配莎莎醬，然後什麼事都沒做。

聰明管理你的血汗錢

理財，其實也是自我照顧的一部分，對心理健康非常重要。你可能會訝異（也可能不會），金錢這個話題在心理諮商中經常出現，因為它是常見的壓力來源。金錢能夠影響情緒，往往也涉及我們的價值觀。我們的消費與儲蓄習慣，經常跟童年及青少年時期的金錢經驗有關。比方說，我有一些個案在經濟不穩定的家庭中長大，這深深左右了他們長大後對金錢的態度。許多人即使現在經濟不虞匱乏，還是會害怕花錢，或者乾脆選擇逃避財務問題，因為思考金錢會讓他們感到不舒服。相反地，有的個案總是衝動消費，因為他們小時候家裡老是缺錢。

我經常和個案討論，怎麼更有意識地管理金錢，並鼓勵他們設定與自身價值觀相符的財務目標，這些目標應該帶來長期的意義、安全感或幸福。許多個案發現，有一招對抑制衝動消費超級有效——在買下去之前，先問自己幾個問題（有些人甚至將這些問題列印成小卡片，貼在電腦螢幕旁，或夾在錢包，隨時提醒自己），這些問題可能包括：

- 這是我真的需要的東西嗎？
- 我可以等一天再決定要不要買嗎？
- 我可以在不舉債的情況下負擔這筆開銷嗎？
- 我真的願意在家中為這個物品騰出空間嗎？
- 一週、一個月，甚至一年後，這東西還會帶給我快樂或滿足嗎？
- 這筆消費會不會讓我延後達到更有意義的財務目標，比如旅行、創業、建立應急救難金或存退休金？

做自己的啦啦隊

許多人仰賴外在肯定來獲得快樂，渴望老闆的讚美、報告拿A^+，或是最近在Instagram上的貼文被瘋狂按讚。來自外界的肯定確實能讓人心情愉悅，但這並非我們能掌控的東西，我們能掌控的，是「肯定自己」。試著在日常生活中多為自己加油打氣，看看會發生什麼改變。比方說，你把洗碗機裡的碗盤拿出來歸位，就對自己說一聲：**讚！**你主持了一場工作會議（或是起碼撐住沒在會議中打瞌睡），就對自己說：**幹得不錯！**我通常會在腦子裡默默給予自己肯定（以免老公跟小孩覺得我怪怪的），但如果你真的想大聲說出來，那就說出來吧。

在《調校心態》一書中，勵志演說家梅爾．羅賓斯（Mel Robbins）談到了自我肯定的力量。她建議讀者對著鏡子裡的自己擊掌，為自己加油打氣，減少自我懷疑。跟自己擊掌？沒錯，一開始可能會覺得有點尷尬，但這的確是一個簡單又有效的方法；隨時隨地，只要經過鏡子，都能給自己一點正能量！

思考X行動小練習

1 花點時間想一想，生活中哪些方面需要更多的關注——包括身體、心理、情緒、心靈、休閒、財務和專業。哪些還不錯？哪些被忽略了？

2 想出三種方法，刻意將自我照顧融入這週的日常生活中。

3 提早規畫今天的事務，想一想，接下來能做些什麼，才能讓你在回顧一天時，有機會說：「今天過得真不賴！」

4 列出生活中你可以掌控的事情，哪些行動能讓你獲得更強的安定感？

Chapter 2

認識你的內在批評者

多年來你一直在批評自己，

卻沒有用。

試著肯定自己，

看看會發生什麼轉變吧！

——露易絲．海（Louise L. Hay）

讓我為你介紹——尼爾森

每個人心中都有一個內在批評者——那個永遠在耳邊碎念、挑剔、嫌你不夠好、不夠「努力」的小聲音。這個聲音往往非常嚴厲，聽起來像是過去對你要求很嚴格的某個人，也許是父母、老師、教練，也可能像是欺負過你的人。此外，它也受到你的文化、家庭、社群、成長背景，甚至是社群媒體與廣告的影響。比如你媽媽總是習慣討好他人，把他人的需求放在自己之前，那麼你的內在批評者可能會不斷責備你：「你怎麼可以這麼自私？」或者讓你覺得自己不能拒絕別人的請求。

我當然也有一個內在批評者，他叫「尼爾森」。幾年前，我決定幫這個老是嫌棄我的聲音取個名字，而這個不停製造負面想法的角色有了名字後，我要反駁它居然變得更容易。對我來說，尼爾森只是腦中負面聲音的化身，不代表現實中的任何人。（當然，他與世界上所有名叫尼爾森的可愛人士無關！如果你想把你的內在批評者叫做莉茲，我也不會介意。）

最近，我和尼爾森的關係還算和平，經過一番練習後，我現在已經比較能夠控制他。但這絕對不是一開始就能做到的。在我二十出頭那段日子，尼爾森幾乎無時無刻不在我的腦中徘徊。（當時，我還沒想到替這個聲音取個名字。）那時，我的內心小劇場經常是這樣的：

工作遇到瓶頸時

尼爾森：你不能求助！大家會覺得你很笨！而且人家都忙成這樣了，你應該自己想辦法解決。

莉茲：可是我真的不知道怎麼處理這個任務，這可能要花很多時間才弄得完，我怕趕不上截止日期，或者整個方向都做錯了。

尼爾森：那又怎樣？自己搞定吧，小姐！求助是懦弱的表現，你應該夠聰明，可以靠自己處理這個問題。

莉茲：呃……好吧……

（結局——因為尼爾森不讓我求助，我的專案報告不只遲交，還做得非常馬虎。）

在購物中心買衣服時

莉茲：哇，這件洋裝好可愛！

尼爾森：慢著，小姐——這件衣服會讓你看起來胖胖的。而且，說真的，你怎麼不多運動？你就是太懶了。

莉茲：呃……對啦，也許我應該多動一動……

尼爾森：看看你的朋友露易絲，人家多漂亮，身材又超好，你怎麼不學學？

莉茲：她的體型跟我完全不同啊！她的祖先一定是什麼瑞典的超級大美女，我的祖先是德國和愛爾蘭的農民，生來就是要種馬鈴薯的粗勇身材。

尼爾森：那又怎樣！只要你更努力、多運動、吃清淡一點，你也可以長得像廣告上的模特兒一樣。

（結局——我一邊覺得自己爛透了，一邊怒買了一雙根本不需要的鞋，接著又用一份加大的香腸早餐捲餅來發洩情緒。）

遇到一個有好感的對象時

莉茲：不知道他會不會對我也有好感？也許我應該約他出去？

尼爾森：別鬧了！你配不上人家。

莉茲：可是我們聊得挺合的耶。

尼爾森：醒醒吧，你不夠有魅力，也不夠開朗，他怎麼會對你有意思？

莉茲：嗯……你說得應該沒錯，我還是不要冒險好了。

（結局——星期五晚上，我沒有約會，孤伶伶窩在家，只有冰箱裡的剩菜陪伴我。）

正如你所見，內在批評者真的非常煩人，老是不斷扯你後腿，讓你裹足不前。但為什麼我們的大腦會產生這種聲音呢？其實，一切都與「負面偏誤」（Negativity Bias）有關，大腦天生更容易注意負面的訊息，而非正向的事物。舉個例子，你接受績效評估時，主管稱讚了你十幾項表現優異的地方，最後只是提了一兩個需要改進的小地方，結果呢？你的大腦對所有的讚美置若罔聞，只記得那一兩句的建議。這就是負面偏誤在搞鬼。

負面偏誤，其實是大腦的自我保護機制，只是它做了錯誤的判斷。這可以從遠古的穴居時代說起，想像一下，如果你是原始人，站在冰原上，正陶醉於蝴蝶、彩虹和陽光的美景之際，冷不防有一隻劍齒虎竄出來要把你吞掉，你可能成為牠的養分，進入「生命循環」，基因也無法傳下去。為了避免淘汰的下場，我們的祖先必須時時刻刻提高警覺，留意環境中任何的不對勁，以避免遭遇危險。因此，從進化與功能的角度來看，大腦已經被設定成要優先注意負面訊息，即使到了沒有劍齒虎的現代，這套自保機制依然存在其中。

社會不合理的期望

你內在的批判聲音，其實也反映了你已經內化的種種社會期望。你不斷接收到各種潛在訊息，告訴你「應該」做什麼樣的人、「應該」做什麼事，這些訊息來自家庭、朋友、宗教信仰、流行文化、娛樂產業，還有社交媒體。因此，馴服你的內在批評者，其實就是一個刪除大量訊息的過程。要打破不合理的社會期望，第一步是知道這些期望是什麼，並且停下來想一想，而不是繼續盲目遵循一套武斷、甚至經常自相矛盾的規則。

深入思考你的經驗，試問自己這些問題：

- 社會告訴你，你的身體應該是什麼模樣？社會對你的外貌有什麼期待？
- 在你成長的家庭中，誰被認為應該賺最多錢？
- 別人對你的情緒表現有什麼要求？你是否總是被期望要堅強？還是你可以自在流淚或表現出情緒？
- 你能接受別人的幫助嗎？你能依賴他人的支持嗎？
- 你是否感到壓力，覺得自己必須時時保持友善、包容？還是你被允許偶爾可以忽略他人的感受，為自己做決定？
- 你被期望如何處理衝突？你是否覺得自己必須下最後決定？還是你總是被期待無論如何都要維持和平？
- 你被教導「應該」如何看待「性」？你是否被要求表達（或壓抑）自己的性取向？
- 在群體中，別人期待你是「帶頭者」還是「追隨者」？

- 在朋友面前，你能展現脆弱和真實的自己嗎？還是你被期待只能停留在輕鬆的話題，避免深入交流？
- 你是否覺得自己肩負「靈魂使命」而生兒育女？還是你認為養育子女只是人生眾多可能之一？
- 你的價值，是否由你的人際關係或婚姻狀況所定義？
- 你有犯錯的空間嗎？
- 在家庭中，你是否被期待承擔大多數的「情緒勞動」？像是記住重要的日子、照顧孩子或長輩、打理家務、煮飯、負責記錄家族記憶（拍照、記錄點點滴滴）？
- 在你的信仰體系中，「好信徒」是什麼樣子？

開始意識到自己所背負的社會期望壓力後，你就會明白，試圖同時滿足所有標準只是徒勞無功。你可以選擇拒絕不適合你的標準，允許自己拋開僵化的「你應該」規則。當然，我承認，對某些群體來說，挑戰社會規範的風險比其他人更高，因為這個世界從來就不公平。（這一點我們之後會更深入討論。）不過，不管你是誰，扭曲自己、迎合外在期望，最終都是一場空。真正的歸屬感，不是「融入」變得跟大家一樣，而是「接納」真實的自己。

世界從來就不公平

我在美國中西部小鎮長大，我的故鄉缺乏種族、宗教和經濟多樣性，而我曾經天真地相信，這個國家是公平的。我無知地抱持著「美國夢」，以為每個人只要有動力、有才華，都有平等的機會去追求成功。我以為自己的成就，全都是因為我夠聰明、夠上進，卻沒意識到自己身為一個白人、異性戀、順性別女性所享有的特權。我也沒有察覺到，我是在一個有豐富資源並重視教育的安全環境中長大的。如今回想起來，我非常慚愧。

我記得讀研究所時有位同學說過一句話：「如果連一雙鞋都沒有，怎麼叫人奮發往上爬呢？」這句話一直深深印在我的腦海中。我們常常忘了一件事，那就是每個人的起點都不同。然而，社會卻習慣把某些人的進步緩慢或成就不足歸咎於「不夠努力」。現實是，社會上有許多人正在面對他人無須克服的障礙，比如種族歧視、經濟困難、缺乏家庭支持或指導，甚至是童年時期留下的創傷。或許，這也是你正在面對的挑戰。

不幸的是，你內在的批評者才不在乎這個世界公不公平，也不會體諒你的處境、你是否具有或缺乏某些特權。即使你為了保護弟弟妹妹免受家暴，因而無法專心讀書，內在批評者仍然會責備你考不好。即使你是因為沒錢修車、又碰上不可靠的公車系統才遲到，它依然只會嚴厲譴責你上班遲到。它因為你沒有升職而罵你不夠優秀，卻無視你的性別（或種族、宗教信仰、社會階層、性取向等）可能讓你在職場面臨更嚴苛的標準，你得比走廊那位「老兄」更賣力工作，才能得到同樣的機會。

如果你內在的批評者總是對你說殘酷的話，讓你覺得「是你不夠努力」，那麼請試著放大視角，看清楚事情的全貌。也許你的室友輕鬆考上了研究所，而她不用在性侵創傷的陰影下掙扎。也許你的朋友毫不費力完成五公里長跑，而他不需要與憂鬱症拉鋸。請記住，社會、經濟和環境上的障礙，確確實實存在著，人人都在盡力面對屬於自己的挑戰，你也一樣。光是面對這些障礙，你已經是一名勇者，你應該好好肯定自己面對逆境的每一次努力。

資本主義深愛你的內在批評者

資本主義非常喜歡鼓勵你的內在批評者繼續做它的壞事。當你不滿意自己時，市場就有利可圖。你不夠像模特兒或名人嗎？那麼，就來一組眼影或「奇蹟」粉底吧。你的家看起來不像居家樂活頻道裡的樣板屋？那就趕快衝到家飾用品店，把最新款的收納盒和擺飾掃回家。你覺得自己有缺陷需要改變，商家就能賺錢，因為你會持續購買他們的商品來「修理」自己。但真相是，你從一開始就沒有壞，根本不需要修理。

「瘦＝健康」是資本主義灌輸我們最大的謊言之一。直到四十歲那年，我才終於看穿飲食文化的謊言，總算明白健康的身體可以有不同的體型。我真心希望你不用像我一樣，花了那麼多年才領悟到這個真相。幾個週末前，我去看了麗珠（Lizzo）的演唱會，**各種身形**的表演者在臺上唱歌、跳舞、扭腰擺臀、演奏樂器，整整兩個小時！如果這還不算是健康強壯，我真不知道什麼才算是。商人總是希望你追求「纖瘦」和「完美曲線」，但其實無論身形如何，只要攝取適量的蔬果、多活動身體、避免吸菸、限制酒精，任何人都可以擁有健康。而且，請記住一件事：就算我們都吃一樣的食物、做一樣的運動，每個人的身材還是不一樣。接納身體的多樣性吧。

讓我們停止相信資本主義那套「你有缺陷，需要花大錢『修復』」的謊言吧！真相是，你應該把時間、精力和金錢投入更有意義的事上。（例如捐款給「美國計畫生育聯盟」這樣的組織！）與其拚命追求某個隨便定出來的體脂百分比，或是讓你的家看起來像《建築文摘》（*Architectural Digest*）裡的照片，不如把這些心力用來成為更好的自己，探索自我認同，瓦解壓迫的體制。

常見的負面思考模式

內在批評者非常擅長自動拋出負面的想法，直到你放慢腳步、深呼吸、開始反省，才會發現這些念頭早已占滿了整個腦袋。常見的負面想法有：

- 我不夠好
- 我什麼都做不好
- 如果做不到一百分，我就是輸家
- 我應該完美
- 我不夠努力
- 我應該更加（苗條、聰明、外向、有幹勁、有條理……）
- 我很醜
- 如果我不完美，就不值得被愛
- 我不能讓任何人失望

- 我必須堅強
- 我應該時時刻刻控制好自己的言行
- 我需要每個人都喜歡我

我們往往認為內在批評者所說的話是事實，但其實我們的想法未必是對的。大腦有時會做出錯誤的連結或假設，這種現象稱為「**認知扭曲**」（Cognitive Distortion）。每個人偶爾都會陷入這些思想陷阱中，這很正常，但不加以控制的認知扭曲，可能會讓焦慮和憂鬱症狀惡化。你的想法是有力量的，因為思想會變成語言，語言會影響行動，行動久了就會化作習慣。所以，你必須學會辨識這些思考模式。只要多加練習，你會越來越能抓到對自己沒幫助的念頭，甚至反擊它們。以下列出一些常見的認知扭曲，一起來看看你有沒有中招吧。

災難化思考

如果你遇到一件事時，大腦會立刻跳到最糟糕悲慘的劇本，即使這種慘劇發生的機率極低，這就是「災難化思考」（Catastrophizing）。基本上，你會把所有情況都放大成災難來看。例如，你準備搭乘雲霄飛車，心裡很緊張，內在批評者可能會跳出來說：**如果安全帶鬆開怎麼辦**？或者**如果車輛飛出軌道怎麼辦**？呃，謝啦，內在批評者，讓我在市集跟攤販買個鳥巢蛋糕時，腦中演了一齣在雲霄飛車上喪命的悲劇。災難化思考混淆了「可能」與「機率」，你說人會不會從雲霄飛車上飛出去，摔到檸檬汁攤子上？嗯，嚴格來說，是有可能。但是機率高嗎？低到不行。每天有成千上萬的人搭乘雲霄飛車，最後安然無恙下來。最慘的狀況可能只是你覺得噁心，把肚子裡的玉米片都吐了出來，很糗沒錯，但你還是活著！

全有或全無思考

「全有或全無思考」（All-or-Nothing Thinking），又叫「極端思考」或「黑白思考」，也就是以非常極端的方式看事情。舉例來說，你因為捷運誤點而上班遲到，就覺得一整天都毀了。或者，在工作簡報時講錯了一個詞，就認定整場發言徹底失敗。以全有或全無的方式思考時，你會認為生活中的事情要麼是百分之百的好，要麼是百分之百的糟。其實，生活很少如此。你可以經歷一些挑戰，但依然擁有不錯的一天；你可以犯錯，但整體表現也不至於災難一場。喜悅、挫折、成就、失落這些情緒，是可以共存的。

情緒推理

「情緒推理」（Emotional Reasoning）是一種把情緒當成事實的思考模式。以這種方式思考，等於你相信情緒精確地反映了現實，你在心中下了一個結論：**我有這種感覺，所以這一定是真的**。像我每次晚上去地下室關燈的時候，腦海中都在上演情緒推理。大腦告訴我，樓下住著一個怪物，催我一關燈就狂奔上樓，否則它會把我抓走。只要我一踏回廚房，那個想像出來的怪物就會消失。但是，我在地下室感到那一瞬間的恐懼，並不代表我真的身處危險。

公平謬誤

「公平謬誤」（Fallacy of Fairness）是一種思考陷阱，讓我們相信生活中的每件事都應該是公正平等的，當事情不如預期時，便容易產生怨恨的情緒。當你對公平與否有特定的看法時，也可能無意間將某些標準強加在伴侶、朋友和家人身上。比方說，遇到朋友生日時，你喜歡用心花幾個小時精挑細選禮物，而且包裝得非常用心，在生日那天送給好朋友。所以當你的生日到了，你期待朋友也能為你做同樣的事。如果你沒收到一堆包裝精美的禮物，你會感到傷心和失望。但是，朋友表達祝福的方式可能與你不同，也許他們更喜歡用一頓特別的晚餐、一場有趣的活動來替你過生日。

天道酬勤謬誤

「天道酬勤謬誤」（Heaven's Reward Fallacy）是一種常見的迷思：以為只要努力不懈、默默耕耘，最終一定會有好結果。但現實不一定照這個劇本走，這世界有時就是不公平。就算你當志工幫助流浪動物、天天給咖啡師小費、工作認真負責、報稅又快又準、當朋友最堅實的傾聽者，人生還是可能忽然給你一記重擊，比如親人突然被診斷出癌症。做好事，不保證你就能閃過所有的苦。

個人化

「個人化」（Personalization）是指你會不自覺把跟自己沒關係的事情都往身上攬。只要出錯，你的大腦通常會自動跳到「我做了什麼」或「我做錯了什麼」的結論。讓我告訴你一個殘酷但誠實的真相——不是每件事都跟你有關。如果你沒有錄取那份工作，或者暗戀對象沒打電話再約你出去，未必是你的錯。搞不好那間公司臨時凍結人事預算，或者對方意識到自己其實還沒從前一段感情走出來。你不能忽視其他可能造成情況的因素。

以偏概全

根據一小部分資訊做出武斷的結論，並套用到未來的所有事件上，就是「以偏概全」（Overgeneralization）。比方說，你穿著剛入手的名牌鞋上夜店，結果摔了個狗吃屎，從此以後，你就認定自己「手腳不協調」，這就是以偏概全。每個人都會摔倒，摔倒不代表你笨手笨腳，只代表你是人。

歸咎

「歸咎」（Blaming）指的是當事情出錯，或你感到情緒低落時，會把責任通通推給其他人或外在環境。我的個案艾莉森有次簡報準備得很隨便，但她不願承認自己準備不足，反而怪主管沒有說清楚專案要求。歸咎有時也會反過來，你覺得**自己**要為所有事情扛起責任。加州的森林大火？我有責任，因為我用了保麗龍杯，害地球暖化；老闆心情不佳？一定是我不好，因為我今早煮的咖啡選了榛果口味而不是法式香草。

總是堅持自己對

嘿，常常認為自己是對的人，這一條是為你們準備的！尤其是那些**永遠**堅信自己的觀點沒錯的人。當你陷入這種認知扭曲時，會不惜一切代價只為了證明自己的立場是對的。大家身邊應該都有這種朋友，哪怕是在一場氣氛不錯的晚餐上，他也會打開手機查資料、翻閱聊天記錄，就為了證明自己有理，而不是讓事情過去。這種思考方式的問題在於，當你一心只想證明自己沒錯，而忽視考慮對方的觀點或聆聽對方的聲音時，你的人際關係可能會開始下滑。你的大腦會讓你誤以為，「贏了辯論」比「維持關係」還重要。

控制謬誤

「控制謬誤」（Fallacy of Control）有兩種常見的極端狀況。一種是你覺得自己對任何事情都沒有控制權，什麼也做不了，久而久之，你陷入無助，養成了「我是受害者」的心態。舉例來說，如果你在大學第一個學期就覺得讀不來，你可能會乾脆放棄，連作業都懶得煩惱。而另一種極端，則是你認為自己要對每件事、每個人負起責任。像是你的另一半今天過得很糟、心情惡劣，你就自動把責任扛起來，覺得要讓對方振作起來，恢復好心情。又比方說，你媽叫你回家吃飯，雖然你根本不想去卻還是答應了，因為你不想讓她失望。現實是，有些事情我們掌控得了，有些真的無能為力，不管是哪一種情況，請記住：你都無法為別人的想法、情緒和反應負責。

妄下定論

「妄下定論」（Jumping to Conclusions），指的是在沒有足夠證據的情況下，自己推想出一個結論。這種思考方式有兩種形式：「讀心術」和「預言術」。讀心術是你自以為能猜到別人在想什麼。比方說，你和一群朋友出去吃飯，有個朋友臉色很奇怪，你開始猜想自己是不是做了什麼惹朋友生氣。事實上，朋友顯得冷淡或疏遠有千百種可能的原因，說不定只是他家的貓生病了，或是他即將被裁員。只有開口與朋友溝通，你才能知道真相。

預言術是另一種常見的妄下定論方式：根據有限的資訊，直接預測未來。比方說，你今年可能錯過了升遷的機會，就馬上覺得自己這輩子都別想往上爬了。沒有人能夠預知未來，但你絕對可以把注意力放在當下你能做的事情上。

當你發現自己開始做假設時，不妨停下來問問自己：這些想法有根據嗎？我曾經跟過一個很可怕的上司（雖然我最後變得很喜歡她），她叫珍妮絲。珍妮絲做事一絲不苟、非常認真，有次開會時，她問我募款的統計數據，我一開口就說：「嗯，我假設……」結果她立刻糾正我：「不要假設，你得清清楚楚地知道！」這句話從此深深烙印在我的腦海裡。

心理過濾

「心理過濾」（Mental Filtering）是只看見事情裡的負面片段，完全忽略那些正面的部分。比如你去參加家族聚會，氣色很好、髮型完美，就連穿搭也很到位。你還先在Instagram上發了一張自拍照，朋友紛紛按讚，誇獎你的造型。但是，你遇到了來自布魯克林的怪阿姨潔洛蒂，她冷冷丟下一句：「這套衣服挺有趣的嘛。」理智上，你知道根本不用在意她的評語或想法，但你的心情瞬間跌到谷底。這是心理過濾在作祟，大腦自動過濾掉所有正面的回饋，只留下不中聽的那句話。

扭轉負面思考

學會駕馭內在的批評者、扭轉負面思考，是一件很重要的事。因為思想、情感和行為是相連的，你的思考會影響你的感覺，你的感覺又會影響你的行為。反之亦然。換句話說，一個負面的念頭，可能一路引爆負面的情緒和行為反應。

比方說，我跟朋友約好要去喝咖啡，卻忘了記在行事曆上。結果，到了那一天，朋友打來問我人在哪裡。我的第一個反應可能是：**我真是個白痴！**（以偏概全），或者**我什麼都做不好**（全有或全無思考）。我非常尷尬，因為我忘了這個約會；我感到內疚，因為讓朋友掃興，還因為錯過了一杯南瓜香料拿鐵而感到失望。我整個人捲入了巨大的負面情緒漩渦。然後，由於心情太糟，連平常一定會做的散步都跳過了，好幾個小時心不在焉。最後，又因為沒完成原本排好的工作（像是寫作進度或收衣服）而覺得更糟。

現在來想像一下，在同樣的情況下，如果我選擇挑戰自己的負面想法，結果可能完全不同。當我發現自己忘了咖啡之約時，我可以對自己說：**嘿，真的很**

糟，但是每個人都會犯錯，我是人，而且我也已經努力避免這種事情發生了。我可能還是會因為錯過與朋友的約會而感到失望，但我不會陷入羞愧的漩渦。給自己一些寬容，反而讓我有勇氣坦然向朋友道歉，重新約時間，然後繼續好好過接下來的每一刻。心態的轉換也讓我能夠靜下心來，以平靜的角度問自己：究竟是什麼因素導致我犯了這個錯誤？那一刻我可能需要什麼？也許最近睡太少了，需要減少一些活動。轉念讓我有機會從經驗中學習。

許多人以為，要有生產力、要有成就，就得靠內在批評者的鞭策。他們擔心，如果壓抑這個聲音，自己會懶惰、會沒動力。但事實往往相反。換個方式想吧！假設你想請一個私人教練來協助你準備五公里的路跑比賽，有一位教練一天也不讓你休息，把你逼得筋疲力盡，還會罵你沒用；另一位教練會安排休息日，並根據你的狀態設計適合的訓練計畫，而且時時刻刻鼓勵你。你認為哪位教練較能幫助你準備？應該是後者吧。內在的批評者也是一樣，如果腦中的那個聲音太過苛責，反而會令你沮喪，拖住你前進的步伐。

要改變思考方式，其實需要一點練習，一開始可能會覺得有點彆扭或不自然。但別擔心，有幾個技巧可以幫助你慢慢達到目的，我會在本章接下來的內容中簡單說明。最終，你可以自己決定哪些想法值得保留、哪些應該割捨。我自己很喜歡把大腦想像成花園，你要細心栽培花卉、蔬菜和果實（有用又實在的想法），同時也得在雜草（沒用又不切實際的念頭）長滿整座花園之前，趕緊除之而後快。

審理想法

要將負面思考轉化成更有幫助或更務實的想法，有個實用的方法，就是讓這些想法「接受審判」，而你就是法庭中的律師。我大學畢業後曾一度考慮去念法學院，不過老實說，我並不是真的想當律師，只是因為我看了電影《金法尤物》後，一度幻想自己能像主角艾莉・伍茲攻讀法律，然後穿著時尚西裝與名牌高跟鞋，站在法庭上盤問壞人。然而現實是，法律這條路不太適合我，因為我總是設身處地去理解、同情每一方，還希望每個人都能贏！

不過，就算我不是律師，無法在法庭上大展身手，我還是常常把尼爾森和我自己的負面想法放到「心理法庭」審一審。畢竟，我們不需要對自己的每個想法照單全收。下面這幾個問題，可以幫你審理那些對你沒好處的念頭：

- 這個想法真的百分之百正確嗎？
- 有沒有任何證據能支持它是真的？
- 有沒有其他看待這件事的角度？
- 如果有朋友出現類似的想法，你會怎麼回應他？
- 有沒有認知扭曲影響了你的思考？
- 你對自己有不合理的期望嗎？你是否對自己設下不可能達到的標準？
- 還有什麼其他因素可能影響你的感受或當前的情況？
- 你可以如何調整這個想法，讓它變得更有建設性或更溫和一點？
- 你是否以太過絕對的方式思考（例如，使用「我總是如何如何」或「我從來沒有怎樣怎樣」這樣的句型）？

以下舉幾個例子，看看當你「審」過想法之後，它們可能會變成什麼樣子：

舊想法：我永遠無法跑完五公里，我根本沒有運動細胞。

新想法：只要我持續練習，總有一天一定可以跑完五公里。就算我以前不運動，也不代表我不能培養出健康的生活習慣。

舊想法：我這次工作簡報一定很慘，我不擅長公開演講。

新想法：公開演講對我來說確實不容易，不過，我熟悉簡報內容，而且我可以找同事一起練習。

舊想法：我看起來很糟糕，我好醜。

新想法：擺脫社會對外貌的期待真的不容易，而且最嚴格的人往往就是我自己。外貌和體重不是我最有價值的部分，我應該把注意力放在自己喜歡的特質上，挑一套讓我感到有自信的衣服，甚至取消追蹤那些讓我在社群上感到自卑的帳號。

請記住，想法本身沒有任何絕對的意義或價值，你不必被負面的想法牽著走，更不該讓它定義你。「審理」負面和非理性的想法，你會慢慢找到一種更平衡、更實際的思考方式。休庭！

運用正向的自我對話

想要馴服內在批評者、管理負面想法，另一種方式是練習正向的自我對話和自我肯定。我知道，有些人現在可能在翻白眼了，心想：**唉，又來了，又到了過度樂觀的心理師要我想些開心事的橋段**。我明白你的感受。提起正向的自我對話，很多人會想到九〇年代短劇《週六夜現場》（*Saturday Night Live*），艾爾·弗蘭肯（Al Franken）飾演的斯圖亞特·斯莫利對著鏡子裡自言自語說：「我夠好，我夠聰明，天啊，大家都好喜歡我！」

我的目標不是要你逼自己相信一堆勵志名言，也不是叫你加入「永遠正能量俱樂部」。我的目標是，讓你學會利用務實且有效的方式來反擊那些負面思想。正向肯定語句如同提供大腦一套全新的劇本，讓你可以更有效地面對世界。例如，如果你經常覺得「**我什麼都做不對**」，那麼你可能會感到不安，並且害怕嘗試新事物。但是，如果你將這種想法轉換為「**我會盡力而為，並從錯誤中學習**」，你就可能對迎接新挑戰感到充滿希望和好奇。礙於我們之前提過的「負面偏見」的影響，要消除所有的負面想法並不容易，但沒關係，我提供一些正向肯定語句的範例，讓你面對困難時能多一分力量：

- 我有能力做有挑戰性的事情
- 我正在盡最大的努力，這份努力本身就值得肯定
- 我比自己想像的更加堅強
- 我克服過挑戰，這一次也不例外
- 我並不完美，畢竟我是人類
- 犯錯，是學習和成長的機會
- 追求進步比追求完美更重要
- 適合的機會，會在對的時間點出現
- 不是每個人都必須喜歡我

●我就是我，而我不斷在進步，這樣就很好了
●把自己的心理、情緒和生理需求放在第一位，完全沒有問題
●每個人都有屬於自己的道路
●休息是基本需求，不是必須贏來的獎勵
●只有照顧好自己，我才能照顧別人
●我相信自己與生俱來的智慧

留意身邊讓你覺得被鼓舞的事物，無論是電影、書籍，還是靈性典籍中的名言，都可以成為正向肯定語的靈感來源。你甚至可以從自己愛聽的歌裡挑一句歌詞當成座右銘，像歌手史努比狗狗（Snoop Dogg）就有一首非常洗腦的〈正向思考之歌〉（*The Affirmations Song*），裡面有「我相信自己」和「每個問題都有解決辦法」這樣的歌詞。如果你需要趕緊打起精神，或是一個能練習正向自我對話的簡單方法，不妨聽聽這首歌。我自己可是每天早上必聽喔。謝謝你，史奴比！

當你找到真正能引起共鳴的肯定語句時，記得寫下來，貼在你常常會看到的地方。像我自己就戴著刻有座右銘的手鍊，也會把喜歡的名言佳句貼在軟木板

上，工作時一抬頭就能看到。要內化這種新的自我對話方式，需要一些時間，特別是如果你有完美主義的傾向、在批評的環境中長大，或是經歷過創傷，更是如此。記下這些肯定語句，它們會在你最需要支持的時候，成為你的力量與提醒。

勇於嘗試自己不擅長的事

很多人的內在批評者喜歡追逐遙不可及的完美標準。完美主義有著難以抵抗的吸引力，讓你自欺欺人，誤以為只要事事做到最好，準備周全，表現得無懈可擊，可怕的事情就不會發生。你會相信，只要你「完美」，就能避開痛苦或被人否定的可能。簡而言之，完美主義讓你有一種錯覺，以為在不確定的世界中，你可以掌控不可控的事。事實上，我們不可能為每種可能的結果做好萬全的準備計畫，而且不管你的出發點有多好，還是會有人不喜歡你。

幸好，完美主義有解，最有效的解法就是故意去做一些你「不擅長」的事，從中去學習接受不完美。參加即興表演課，絕對是我為自己做過最棒的決定之一。我天性內向，總是擔心被嘲笑或批評，很怕在別人面前做出什麼愚蠢行為。

但在即興表演課上，我學會了信任同學和一起演出的夥伴。就算我搞砸某一個場景，或做了些出其不意的事，他們也不會用異樣眼光看我。在即興表演中，與他人一起創造故事，本來就沒什麼「正確」或「完美」的劇本。能在安全的環境下放心犯錯、嘗試新的表現，那是一個很難得的經驗。

想嘗試新事物，有很多方式可以開始。像我今天就試了兩款在Pinterest上看到的新髮型，結果看起來好像遊戲《奧勒岡小徑》中的拓荒婦女，不過那又如何。我有個朋友去上陶藝課，她的作品時不時會意外地像女性生殖器，可是她絲毫不在意，照樣把它們當作酷炫的花瓶使用。

親自去體驗一下吧！如果你五音不全，勇敢地去唱卡拉ＯＫ，盡情享受唱歌的樂趣。如果你不會下廚，找個食譜試試，就算把雞肉煮得太老，或把鹽當成糖放進蛋糕裡，都沒有關係，原諒自己吧。允許自己不完美，你才能真正體會到，即使犯錯，世界也不會因此而崩塌。一旦你的大腦開始理解，「錯誤或失敗」是成長和學習的一部分，就沒有什麼能擋住你了。

克服腦袋中那些詭異又令人不安的「侵入性想法」

所謂的「侵入性想法」，就是讓人感到不安、根本不想擁有的念頭。它們常常毫無預警地闖入腦海，通常很奇怪、很荒謬，可能與細菌、汙染、暴力、攻擊、宗教、道德、邪惡的性行為，或在公共場合做出什麼驚世駭俗的行為有關。聽起來很恐怖，但幾乎人人都會不時產生侵入性想法。

有一次，我帶小孩去華盛頓郊區的豪華購物中心，我們去那裡的「芝樂坊餐館」吃飯，當時我們坐在二樓，我可以清楚看見樓下。突然，我腦中冒出一個念頭：**如果我像蜘蛛人一樣飛奔衝過護欄直接跳下去會怎麼樣？**這完全不是什麼自殺的念頭，我也沒有傷害自己的衝動，當時我甚至超期待即將送上桌的麵包籃。我知道，這只是我的大腦在掃描周遭環境，尋找潛在的危險。所以，我告訴我的大腦：**好了啦，大腦，別再怪怪的了，你和我都知道，我會乖乖走手扶梯的。**

侵入性想法如果偶爾出現，其實是無害的現象，通常也不代表背後有什麼深層的意義。你不必對這些想法感到羞愧，更不用強迫自己反覆思考，覺得一定要採取什麼行動。如果你發現自己偶爾會冒出這類想法，只要提醒自己，人腦有時就是會想到奇怪的東西，不用理會、更不需要鑽牛角尖。這個時候，使用「接地練習」（詳情請見第三章），或花幾分鐘做些讓你分心的小事，都能幫助你把注意力帶回來。但是，如果侵入性想法出現的頻率提高，甚至開始干擾你的日常生活，不要猶豫，請立刻尋求心理健康專家的協助，因為這些想法有時也可能和創傷或其他心理健康狀況有關。

打破過度思考的惡性循環

當你的內在批評者過度活躍時，你可能陷入過度思考的惡性循環。我的內在批評者，也就是尼爾森，就曾經讓我不斷鑽牛角尖。當時，我在華盛頓特區做的第一份工作，必須負責處理辦公室的節日賀卡。卡片數量之多，真不是開玩笑，起碼一千張起跳。任務之龐大，包括更新所有地址、加入同事聯絡資訊、將卡片放入信封、封口、貼郵票……我一個人搞得定嗎？不可能。但我有開口求助嗎？沒有，因為我內在的批評者是個大混蛋，我在腦中跟他的對話大概是這樣：

莉茲：天啊，我來不及做完這堆卡片，我應該找人幫忙才對。

尼爾森：不行，你要自己搞定，如果請求幫助，老闆會覺得你辦事不力。

莉茲：可是照這個速度下去，這些賀卡會拖到跨年夜才能寄出啊！

尼爾森：那就早點進公司、加班晚點走，你一個人也是能搞定的。

莉茲：但這實在太多了啦，我是不是應該找人幫我？說不定有誰知道更簡單的做法。

尼爾森：絕對不行！人家會認為你很不行，你應該可以自己處理！

莉茲：唉，或許你說得對。如果連像寄聖誕卡這種小事都做不好，老闆一定會覺得我能力有問題；如果老闆這麼想，我就永遠沒有機會升職。更糟的是，我可能會被炒魷魚；如果被炒魷魚，我就繳不起房租；如果繳不起房租，室友一定會討厭我。還是先撐著，把這件事弄完吧！不過，再想一想，也許我應該早點下班，去酒吧跟朋友喝杯啤酒、吃點雞翅。晚點再來煩惱吧。

尼爾森：嗯，聽起來好像也不是壞主意。

（結局——我在新年前夕終於寄出最後一張卡片。呼，好險。）

如你所見，過度思考會導致壓力、擔憂、反覆思考和拖延。幸好，你可以採取具體步驟，來打破這個惡性循環：

步驟一 察覺並承認你的想法

打破過度思考循環的第一步，就是注意腦海中的想法，但不用急著反應或做判斷。只需要停下來，承認這些想法，然後告訴自己，它們只是想法，不是事實，對你也不具任何特別的影響力。當你開始以這種方式停下來留意它們時，你就能更輕易從試圖控制你的強烈想法中脫離。

步驟二 避免轉往社交媒體尋求額外資訊

陷入思考過度時，設法分散注意力或試圖獲得更多資訊是常見的反應，像是忍不住狂滑 Instagram、看幾個小時的 TikTok，或是無止境地研究辦法，想解決眼前的挑戰。但是，分散注意力只會加劇壓力，過度研究可能會導致分析癱瘓，讓你更難做出決定。

步驟三　深呼吸，暫停，讓自己回到當下

當腦袋中的念頭讓你徬徨失措，很多人會忍不住想要做些反應，或立刻採取一些行動。請抵抗這股衝動，給自己一點時間停下來，做幾下深呼吸，讓神經系統自我調節，跳脫「戰鬥、逃跑、僵化或討好」的模式。（下一章會深入探討這個話題。）運用你的感官，把注意力帶回當下，觀察在環境中注意到的任何事情。

步驟四　換個環境，尋找新的觀點

走出門，沿著人行道或騎樓散散步。喝杯水，伸展幾分鐘，或是跟小狗玩一下，也可以動手做一些有創意的事。換個環境，你會更容易換個角度看問題。

步驟五　朝行動邁出一小步

當腦中的念頭讓你無所適從時，深思熟慮的行動往往是有效的解方。問問自己：有什麼事能讓我壓力減少百分之五？有什麼可以讓我現在感覺好一點？也許是向信賴的朋友或同事求助，也許是寫下三件最能使你覺得這一天有成就或有意義的小事。有時，迎擊焦慮的方法就是採取行動，請勇敢地邁出第一步，開始面

對你一直回避的困難任務。設個計時器，給自己五或十分鐘的專注時間，處理那個讓你頭痛的工作。

步驟六 對自己有耐心，練習自我疼惜

每個人都會有快被壓垮、腦袋轉不停的時候，你並不孤單！在這樣的時刻，提醒自己：這件事真的很困難，但是我一定能夠解決它。你也可以問問自己：我現在真正需要的是什麼？（不妨回顧前面有關自我照顧的章節。）也許是早點睡，也許是好好吃頓飯，或者鼓起勇氣向人求助。你也可以練習自我疼惜，像對待好朋友一樣對待自己——這正是下一個要進入的重點。

練習自我疼惜

我敢說，你從小到大一定常常聽到「要有自尊心」這句話。的確，健康的自尊心可以幫助我們實現目標，但問題在於，自尊心往往建立在「外在成就」上，例如升職、高薪、完成某些運動壯舉，或是擁有某種特定的外貌。依附外在

成就的自尊心很難維持，因為一旦遇到挫折，自尊心就會受到打擊，況且總會有人比你更有魅力、更有權勢、更有錢或更有才華。西奧多・羅斯福（Theodore Roosevelt）說過：「比較，是快樂的小偷。」這句話說得真有道理。當你老是拿自己與他人比較時，自然會感到不滿和洩氣。所以該怎麼辦呢？答案是：練習自我疼惜。

當我第一次聽到這個概念時，其實已經是一個在心理健康領域工作的成年人了。說真的，這個概念讓我非常震撼。與自尊心相比，自我疼惜與成就無關，重點在於即使是面對自己的缺點、失敗和錯誤，仍然願意善待自己。這不代表你可以放任自己犯錯、不在乎後果，而是面對挑戰時，以公平的態度對待自己。唯有這樣，你才可能從經驗中學習、成長，而不是被打敗，或者陷入愧疚的漩渦中。自我疼惜，其實就是承認你是一個不完美但真實的人，就像每個人一樣。聽起來是不是很令人開心呢？

如果你想開始用自我疼惜的方式回應內心那個愛批評的聲音，可以從一個簡單的問題開始：「如果今天是我的朋友遇到這種狀況，或有這樣的想法，我會怎麼安慰他？」通常，我們對朋友比對自己寬容許多。所以，就像對待一位你非常珍惜、非常尊重的朋友一樣，溫柔地對待自己，不要讓內在批評者對你說出你絕對不會對你愛的人說的話。

我的個案艾比想參加公司提供的進修課程，她原以為自己面試表現優異，不料卻落選了。她的第一個反應就是質疑自己：**我到底怎麼了？顯然我不夠優秀**。她責怪自己，認為應該花更多時間準備申請表和面試問題。艾比對自己又失望又憤怒。

但她後來給自己一些時間靜下來反省，問自己一個問題：「如果最好的朋友遇到同樣的情況，我會給出什麼建議？」她告訴自己，這次的申請是一次全新的嘗試，她已經盡了最大的努力，只是她並沒有完全了解申請這個課程所要求的條件。艾比也發現，是否錄取與她個人的價值、才華或能力無關。另一方面，她也發現，自己平日參與太多活動、承擔過多的社會責任，使她很難把申請一事放在第一位，因此她需要開始拒絕不符合目標和價值觀的活動。她同時也了解到，多一些工作經驗，會讓她明年再次申請時更具優勢。練習自我疼惜讓艾比對自己感到滿意，並從這次的經驗中真正成長。

為你的內在批評者取名字

我在本章開頭提過，我替我的內在批評者取了個名字，以便更輕鬆回擊腦海中的負面聲音。我也鼓勵你隨意替內在批評者取個名字，哈羅德、瑟爾瑪或「腦袋裡的混蛋」，隨你開心。取名字的好處是，它會在你和負面念頭之間創造空間，進而削弱負面想法，減少它們對你的影響力。當我開始練習挑戰那些無益的想法、學著自我疼惜時，我和尼爾森之間的對話也不一樣了：

在Zoom會議上

尼爾森：你的脖子看起來怪怪的耶！
莉茲：真的假的，尼爾森？我的脖子看起來怪怪的？
尼爾遜：真的啦，也許你該上點妝、戴個耳環什麼的。
莉茲：隨便啦，尼爾森。我看起來很好，而且誰在視訊會議上看起來特別美？別再那麼討厭了！

（結局——我對自己和自己的外貌非常滿意。）

嘗試寫這本書的過程中

尼爾森：你真的知道你在做什麼嗎？
莉茲：寫一本關於心理健康的書啊。
尼爾森：認真的？
莉茲：嗯……是的，我很認真。
尼爾森：拜託，你又不是專家！沒人想聽你說話。你連博士學位都沒有，好多人都比你懂。
莉茲：我當然不是什麼都知道，但我確實懂一些，也許有人會覺得這本書對他們很有幫助。
尼爾森：好啦，隨便你。
（結局——我繼續寫這本書。）

散步二十分鐘

尼爾森：這樣運動時間太短了，你應該多走一會兒。
莉茲：拜託，老兄，我剛剛足足走了一英里耶！

尼爾森：至少也該走兩英里吧。

莉茲：少在那邊煩人了，任何運動都比完全不動好！況且，我現在感覺比出門之前好多了。我還曬了太陽，遠離了書桌，這樣已經很棒了。

（結局——我繼續在有空的時候多做運動。）

尼爾森不再掌控我的生活了，當他碎碎念時，我會提醒他：我也是人，我已經很努力了。你的內心或許也住著一個尖酸刻薄的人，但那裡還有一個引導你的睿智聲音，那就是「真正的你」。讓你內在的批評者閉上嘴，你才能聽見自己內心的智慧。千萬別讓腦海中那個負面的聲音阻礙你！

思考✕行動小練習

1. 回想上一次你犯錯，或事情不如預期發展，你當時腦海中自動跳出了哪些負面想法呢？
2. 當你找出這些負面念頭後，試著運用本章介紹的任一技巧，將它們轉化為對你更有幫助的想法。
3. 想三句可以每天對自己說的正向肯定語，寫下來，或貼在你經常能看到的地方。

Chapter 3

了解大腦如何產生情緒

感覺，只是身體在提醒你當下的狀況。

即使你早已習慣忽略，它們仍然在與你對話。

觀察你的呼吸，感受你的身體，

注意你的情緒。

這個小練習會給你豐碩的回報。

——艾莉森・丁寧（Allyson Dinneen）

大腦最重要的工作

人類的大腦非常厲害，能勝任許多複雜且高難度的任務，實在令人佩服。例如，我的大腦居然還記得二〇〇〇年小甜甜布蘭妮（Britney Spears）的〈愛的再告白〉（*Oops!...I Did It Again*）整首歌的歌詞，同時不斷更新我去超市的選購清單。但就像我之前說過的，大腦天生最關心的是我們的安全，無時無刻不在偵測危險，好比一套私人全天候運作的高科技警報系統。這個系統經過精密設定，當它察覺到潛在威脅時，會立刻讓我們做好應戰準備，而危險解除之後，也會協助我們冷靜下來。

在穴居時代，外在的威脅通常關乎生死。我們的老祖宗得隨時提防暴走的河馬，或試圖攻擊他們、搶走最後一顆漿果的對手。即使到了現代，人類的大腦依舊非常擅長處理具有明確結局的災難威脅。你可能有類似的例子：準備穿越繁忙的馬路時，卻在一瞬間跳開，驚險地避開了一輛疾駛而來的車子。那時，你不假思索就行動了，那是因為大腦主動救了你一命。超速的車子開走後，你可能會察覺自己心跳加速，有些慌張，呼吸也比平常急促了些。但幾分鐘後，你又恢復到平靜狀態。

不過，在現今的世界中，大腦這套警報系統有一點小問題：它有時會把事件解讀為危險，即使這些事情根本不算威脅。有些時候，日常生活中遇到的威脅確實是實際的風險，但有些只是自己想像出來的。而現代生活中的危機，例如氣候變化和財務壓力，往往沒有明確的結局。我們當然希望，在需要閃避一輛疾駛而過的車輛時，大腦能夠立刻發出警報；但我們並不希望，每次老闆進入辦公室，或朋友黛比在讀書會上擺臭臉時，大腦也跳出危險的警示。

上層大腦與下層大腦

要進一步認識我們的大腦，可以先將它分成上層和下層兩個部分。下層大腦主要負責控制基本的身體機能、調節情緒，還有保護我們的安全。這一區包含了杏仁核（恐懼和情緒中樞）、海馬體（學習和記憶中樞），以及調節呼吸、心率和血壓的腦幹。

上層大腦負責比較高階的功能，比如批判性思考、解決問題、做決定和規畫。這一區包含了前額葉皮層（執行功能中樞）。前額葉是整個大腦最後發展完成的區域，通常要到二十多歲才會發育成熟。所以，對於青少年或二十出頭的人來說，從自己信任的人那裡獲得引導和建議，其實一點也不丟臉，畢竟你的大腦仍在發育中啊。

上層大腦和下層大腦必須合作、分享並處理資訊，所以需要一座穩固的梯子或樓梯連結。如果這兩區沒辦法好好整合，你可能一遇到壓力就做出反應，而不是先停下來思考後果。你有沒有過這樣的經驗：因為焦慮、惱怒或情緒大爆炸，結果說了或做了讓你事後懊悔的事？比如說，有人在開車時硬是插入你的車道，你直接對他比中指；或是高中時跟好朋友吵架，氣到去捶牆壁。這種衝動的反應，其實就是在壓力下，下層大腦接管了控制權，把負責理性思考的上層大腦擠到一邊。神經精神科醫師丹尼爾．西格爾（Daniel Siegel）用「情緒炸鍋」來形容這種情況。一個人的理智暫時下線，有一部分原因與我們內建的警報系統有關。

這套系統正式名稱是「自律神經系統」，它隨時都在掃描危險，一旦杏仁核偵測到環境中有什麼威脅時，下層大腦就會發送訊息到自律神經系統，自律神經系統便立即動員身體，進入備戰狀態，準備應付可能出現的危機。

自律神經系統分為兩個部分：「交感神經系統」和「副交感神經系統」。如同上層大腦和下層大腦需要互相協調，交感神經系統和副交感神經系統也必須一起配合，才能使你在日常生活中維持身體的穩定狀態。

交感神經系統

交感神經系統負責處理我們面對急性壓力時的反應，只要你察覺到環境中有任何威脅，它就會立刻啟動。特別要注意的是，大腦將生理威脅和心理威脅都視為「攸關生死」的危機。生理威脅與身體安全有關，心理威脅則是影響情緒和心理健康：

●生理威脅：你去大峽谷健行，決定站在峽谷邊緣拍張照片。就在你擺好姿勢時，腳突然一滑，險些摔了下去。幸好，你反應夠快，及時抓住一根樹枝，才沒有從數千英尺高的斷崖摔下去。驚險過關！（話說回來，在懸崖旁邊自拍時，拜託小心一點，好嗎？）

●心理威脅：你的老闆請你替一位重要客戶做簡報，但你對上臺發言不太在行，而對方又是公司不能失去的客戶。於是你的腦袋開始亂轉，忍不住想像這次報告萬一搞砸了會怎麼樣。由於太過焦慮，你根本無法集中精神好好準備。

這兩種情況中，只有一種是真正危及生命的威脅，但大腦卻都當成重大危險來反應，促使腎上腺素和皮質醇這類壓力荷爾蒙大量釋放到體內。於是，你的瞳孔擴大、皮膚泛紅，呼吸變得又淺又急促，好讓肺部吸入更多的氧氣。另一方面，肌肉也開始緊繃，做好劇烈運動的準備。消化系統則是暫停運作，因為身體把能量調去更緊急的地方。（這就是為什麼緊張時肚子容易怪怪的原因，所以在重要簡報前吃超大份的豪華墨西哥捲餅，絕對不是個聰明的選擇。）你的腦子一片空白，注意力渙散，甚至變得暴躁不安。

我想很多人在求學時期都有過這種經驗：每次一碰到暗戀對象，本來想講的話，就會瞬間忘光。我還記得我五年級時暗戀的對象，他叫查德，我們是美術課同學，每次我都好期待見到他。查德是全校最會穿衣服的小學生，他媽媽會特地開一小時的車，帶他去遠一點的百貨公司買衣服。而我們其他人呢？都是去附近的平價購物中心買上學要穿的衣物與用品。我曾幻想，我和查德會因為都喜歡用撕碎的《好管家雜誌》（*Good Housekeeping*）做拼貼畫而變成好朋友。但是，每次見到他，我腦袋都會直接當機。（而且當時我還戴著厚重的黑色粗框眼鏡，配上經典的狼尾頭髮型。）最後，我真的鼓起勇氣和他說過一次話，然後就再也沒有下一次了。

每次遇到查德時，我的身體都進入「僵住反應」，這是人類面對真實或感覺到威脅時，可能出現的四種本能反應之一。這四種反應分別是：對威脅發動攻擊（戰鬥）、逃離威脅（逃跑）、動彈不得（僵住），還有試圖安撫威脅的來源以避免衝突（討好）。這些反應不是我們「選擇」的，而是自動啟發的機制。

戰鬥反應

當交感神經系統用暴躁、憤怒或攻擊的方式回應威脅時，就是所謂的戰鬥反應。幾乎每部動作片都少不了這個橋段：主角為了自保，與反派大打出手。我個人最愛的打鬥場面之一是電影《BJ單身日記》中，丹尼爾．克里弗與馬克．達西之間的對決。丹尼爾說了一句不中聽的話，原本一派冷靜又正經的馬克終於失去了理智（你可以說他「情緒炸鍋」），拳頭就這麼揮了出去。

我二十出頭時，在國會山莊工作，經常加班到很晚，然後一個人摸黑走路回家。我應該叫車，但當時想省點錢，好去參加國會酒吧每週的快樂時光，吃雞翅、喝啤酒。一天晚上，我走路回家時，察覺有個男人一直跟在我後面。不知哪來的勇氣，我這個一向個性溫和的中西部人，居然挺起胸膛，走到最近的公寓門口，假裝那是我家，然後提高嗓門大喊：「你最好給我繼續走！」還好，那個人真的繼續往前走，沒有再跟著我（我的心臟狂跳不已）。現在回想起來，我一反常態提高嗓門時，其實就是我的戰鬥反應。

逃跑反應

逃跑反應，就是面對威脅時，我們選擇逃離。你想想，在草原上的瞪羚，如果遇到飢餓的獅子逼近，牠們跑得越快，就越不可能成為獅子的嘴邊肉。人類也是一樣。如果我聽到附近小巷傳來打架聲，你可以打包票，我一定會立刻轉身，拔腿就跑，讓自己趕快遠離危險。

當今版本的逃跑反應，可能是轉移注意力或回避。比如，我只要一想到要繳稅，壓力就瞬間爆表，這時我可能會找藉口來逃避這件事，像是把冰箱徹底清一遍，或是花一小時在網路商城狂看萬聖節服裝。我曾經有一位個案，因為擔心財務問題，遲遲不敢打開郵件面對債務的現實。

僵住反應

我八歲那年，有一次在後院看到一隻「死掉的」負鼠。對於一個在伊利諾伊州小鎮長大的孩子來說，這是天大新聞。那隻負鼠倒在地上，舌頭從嘴巴伸出來，小小的腳掌直挺挺朝著天空，模樣非常噁心。我自然立刻衝去找哥哥，要他來看看樹椿上那隻老鼠的屍體。結果，等我們回去時，牠已經不見了！原來，牠是在裝死！這隻負鼠可能是為了躲避鄰居家的狗，以「僵住反應」面對威脅。

在僵住反應期間，你會感覺整個人被釘在原地不能動，好像癱瘓一樣。有時，身體暴力的受害者，在受到攻擊的瞬間，也會出現這樣的反應，因而在事後會對自己沒反擊、沒逃跑感到羞愧。但正如我之前提到的，神經系統的反應未必是我們能控制的，尤其是在面對威脅生命的創傷性事件時，那一刻大腦的恐懼中樞會全面接管身體，它會根據情境自動做出它認為當下最能保護你的安全反應。

討好反應

第四種面對威脅的本能反應是討好反應，在這種情況下，受到威脅的人會試圖安撫威脅的源頭。討好反應的表現包括：過度迎合、唯唯諾諾、壓抑自己的情緒，甚至逗對方開心，以降低受虐或成為暴力目標的可能。討好反應在虐待情境中相當常見，例如一個孩子試圖取悅易怒暴躁的父母，或是一個人為了不激怒控制慾強或有暴力傾向的伴侶而壓抑自我。

長期的討好反應，可能發展成「共依存關係」（Codependency），這是一種不健康的人際互動模式，一方為了維繫與另一方的連結，不惜犧牲自己的需求、身分與自我價值。（更多關於共依存關係的內容，請見第五章。）討好反應也可能引發抑鬱、自我批評、自殘，甚至是身體上的症狀，如疼痛、頭痛、胃痛和慢性疾病等。

副交感神經系統

現在，你已經了解交感神經系統的運作方式了，接下來，我們來談談它的對應系統——副交感神經系統。這套系統被稱為身體的「休息與消化系統」，負責恢復、成長和修復。當我們脫離一個真實或感覺到的威脅後，它會幫助我們冷靜下來。

副交感神經系統中的關鍵組織，是「迷走神經」（Vagus Nerve，發音與拉斯維加斯Las Vegas很像），它可是人體最長的一條腦神經！你可以將它想像成是身體裡的「美國國道二十號公路」，貫穿整個身軀，從腦幹出發，穿過臉部、喉嚨，一路延伸到腹部。迷走神經負責調節情緒、呼吸、消化、心率和免疫反應，也可能與我在第一章提到的腸腦軸有關。

由於迷走神經與情緒、焦慮和壓力反應關係密切，學會刺激副交感神經纖維，可以幫助我們更快找回安全感。在本章的最後，我會提供一些實用的小技巧，教你如何利用迷走神經，擺脫過度反應的狀態。

創傷與神經系統

當我跟個案聊到神經系統及它對身心健康的影響時，常常會提到「中庸之道」，也就是讓自己的身心狀態不要太過緊繃，也不要太過低迷。有些心理健康專家會把這個狀態稱為「情緒容忍之窗」，指的是你能夠在不失控的情況下，處理日常生活中遇到的壓力。當你處於這個容忍範圍時，通常會覺得安全、有能力，並且能夠掌控全局。

但在現代社會中，我們的神經系統常常陷入停滯狀態。我有許多個案在混亂、不穩定，甚至不安全的家庭環境中長大，導致他們現在總是處於高度警覺狀態，也就是永遠在「戰鬥或逃跑」的模式中待命。另外，有些人則是常常警戒心不足，容易分心、僵住，甚至整個人陷入停滯，什麼事都無法處理。這些往往是創傷對神經系統所造成的影響。

創傷，指的是讓人極端痛苦的經歷，這些事件超出個人的調適能力，奪走他們的力量或控制感。當你擔心自己或所愛之人的身體、情感或心理遭遇危險時，創傷就有可能發生。創傷可能來自單一事件，例如車禍；也可能是持續壓力或傷害所累積的結果，比如童年受虐或承受親密伴侶的暴力。長期遭受「微歧視」（Microaggression），也是創傷的來源之一，這是一種針對特定族群、受壓迫者的細微偏見或歧視。最後，還有一種叫做「替代性創傷」，常發生在像是急救人員或醫護人員身上，因為他們容易目睹創傷事件或暴露於高度壓力的情境。

經歷創傷後，上層大腦往往會變得難以重新掌控全局。因為創傷會改變大腦的設定，讓它對威脅變得格外敏感，即使身處安全的環境中，內建的警報系統仍然會將周遭的事件誤判為危險，讓你輕易脫離容忍之窗，而經常感到腦筋斷線或處於高度警戒中。就像精神科醫師兼創傷專家法蘭克・安德森博士（Frank Anderson）的解釋：「創傷阻礙了愛與連結。」[4]換句話說，創傷經驗讓人很難在情感上或身體上感受到與他人相處的安全感，因此變得不容易信任他人，也難以展現自己真實或脆弱的一面，而這些正是愛與連結的基礎。

每個人對創傷的反應都不太一樣，以下是創傷後常見的一些狀況：

- 無法集中注意力，專注力變差
- 感到羞愧，自我價值感低落
- 難以信任他人
- 容易焦慮、恐慌和憂鬱
- 有頭痛和慢性疼痛的困擾
- 感覺與自己的身體脫節

● 麻木
● 難以入眠
● 情緒容易失控
● 看不到未來的希望
● 缺乏動力，失去方向感
● 對自己、他人及世界的看法產生改變

如果你也有類似的狀況，說不定與你祖先遭遇的創傷有關，這個情形叫做「跨代創傷」或「歷史創傷」。你可能以為自己只繼承了爸爸的舊吉他、奶奶的水晶花瓶，但其實從上一代、甚至更早的世代，承襲了更多你沒有想到的東西。

你繼承的不只有奶奶的古董餐具

跨代創傷的概念，最早是學者在研究大屠殺倖存者及其家庭時所提出的。不過，許多情況也都可能出現跨代創傷，例如你的曾祖父母、祖父母，甚至是父母可能經歷過以下的困境：

- 貧窮
- 歧視與壓迫
- 奴役
- 在戰區生活或直接參與戰爭
- 被迫離鄉背井
- 囚禁
- 宗教控制或捲入邪教
- 身體、言語、性方面的虐待，或人際關係中的暴力

● 家人被監禁或離世
● 全球性疫情

跨代創傷可能導致教養上的困難、難以信任他人、反覆出現惡夢、睡眠問題、憤怒和易怒，以及無法與他人建立並維持穩定的關係。我常常在移民家庭中長大的成人子女身上看到這種情況，他們總是覺得父母和祖父母犧牲了那麼多，所以自己一定要出人頭地，但這種「只許成功不許失敗」的壓力，有時也可能來自他人。這樣的個案往往因為強烈的責任感和義務感，更難與原生家庭劃定健康的人際界線。

遺憾的是，上一代人往往學會了用輕描淡寫、甚至直接否認的方式來面對創傷。他們不會在週日的家庭聚餐上開口談過去的傷痛。對他們來說，活下來才是最重要的目標，所以他們身邊可能也沒有健康溝通或情緒表達的正面榜樣可以學習。因此，你可能也從未察覺你父母或祖父母現在的某些言行，其實是昔日負面經歷的痕跡。

不過，你可以是那個打破代代相傳不健康模式的人。當一個家庭勇敢討論過去的祕密、試著去思索它們對於今日生活的影響時，傷口就開始慢慢癒合了。比如，開始留意自己對藥物和酒精的依賴、學習新式的教養技巧，或尋求心理諮商改善自己在溝通與情緒調節方面的能力，不再繼續仰賴習慣性的反應來面對生活。如果你受到跨代創傷的影響，在下一節中，我會介紹簡單又實用的神經系統調節技巧。請記住，你的癒合不只是幫助自己，也是在造福未來的世代。

破解你的神經系統

現在，你已經了解大腦與身體如何攜手合作了，接下來，該來學習一些小技巧刺激迷走神經、啟動副交感神經系統。下面列舉的活動，都能幫助身體回到「休息與消化」的狀態，讓大腦與身體感到平靜、安全，進而啟動癒合與修復。最棒的是，一毛錢也不用花。（完全免費，請自由取用！）這些方法無法消除壓力的根源，也不能解決所有困難，但可以協助上層大腦處理生活上的挑戰，而且都是正向的調節方法，經常使用也不會造成額外的壓力。

接地技巧

當你感到壓力過大、思考斷線或情緒卡住時，進行「接地練習」（Grounding Exercise）能幫助你回到當下。這類技巧特別適用於你正在經歷回憶閃現或侵入性想法的時候。通常，接地練習會運用五種感官，把注意力從緬懷過去或擔憂未來抽離，讓你重新定位在此時此刻。

每個人適用的方法可能不同（你可以在網路上找到很多相關建議），你不妨多方嘗試，找出最適合自己的接地技巧。我個人最喜歡的接地練習叫做「五、四、三、二、一」，步驟如下：

- 列出五樣你看到的東西（例如：牆上的圖片、電腦、水壺、你的狗、家裡的植物）
- 列出四樣觸覺上感受得到的事物（例如：支撐臀部的椅子、腳下的地板、

貼著皮膚的衣服、冷氣吹來的涼風）

- 列出三種聽到的聲音（例如：鳥鳴、車輛聲、手機鈴聲）
- 列出二種聞到的氣味（例如：洗衣粉、某人煮飯的氣味）
- 列出一種嚐到的味道（例如：牙膏）
- 深呼吸幾次

其他的接地練習包括：

- 從房間的物品裡找出彩虹的每一種顏色
- 說出你家鄉的所有城鎮
- 嘗試背誦你最喜歡的歌曲的歌詞
- 運用所有感官來享受點心或飲料
- 從頭到腳慢慢掃描你的身體，注意每個部位的感覺或緊繃程度
- 聆聽音樂

正念呼吸

當我們感到沮喪或緊張時，常聽到別人建議我們「深呼吸」。正念呼吸聽起來似乎很簡單，你可能會認為這是練瑜伽的人才會做的事。然而，科學已經證實了它的好處。刻意放慢呼吸，讓吐氣的時間比吸氣更長，可以降低呼吸頻率、心跳和血壓，同時促進血液循環。這樣的呼吸能幫助你脫離「戰鬥、逃跑、僵住或討好」的反應，回到「休息與消化」的狀態。更棒的是，沒有人會察覺你正在練習正念呼吸。

呼吸練習有許多不同的方式，以下是我經常推薦給個案的幾個方法。如果你在數拍時數錯了，沒關係！只要專注於放慢呼吸的節奏，你的練習就開始出現效果了。進行任何呼吸練習的過程中，如果感到頭昏、暈眩或焦躁不安，請立刻停止。整個練習應該是輕鬆舒適的，不應該有憋氣或不舒服的感覺。

●正方形呼吸法

吸氣四秒、憋氣四秒、吐氣四秒，再憋氣四秒。依照需要可重複幾輪。

● **四、七、八呼吸法**

吸氣四秒、憋氣七秒、慢慢吐氣八秒。依照需要可重複幾輪。

● **腹式呼吸法**

找個舒服的地方坐好，調整姿勢，打直腰背（別駝背）。一隻手放在胸口，另一隻手放肚子上。接著吸氣，盡量讓肚子鼓起來，感覺肚子上的那隻手隨著你的吸氣上升，呼氣時，肚子縮回來，手也跟著下降。

● **左右鼻孔輪流呼吸法**

基本上，這招是用一個鼻孔吸氣，接著用另一個鼻孔呼氣，專心使用這個方式呼吸，可以幫助你舒緩壓力，從負面思緒中轉移注意力。先坐好，打直身體，做幾次深呼吸。準備好之後，將右手抬到鼻子前，以拇指堵住右鼻孔，從左鼻孔吸氣。接著，用食指堵住左鼻孔，同時放開右鼻孔，從右鼻孔呼氣。左鼻孔繼續堵著，用右鼻孔吸氣，接著拇指堵住右鼻孔，換從左鼻孔呼氣。依照需要可重複幾輪，最多做五分鐘。

專業小提醒：即使你現在感覺還算平靜，平常也可練習這些呼吸技巧。如此一來，當情緒真的上來的時候，你就會知道該怎麼做了。

冥想

「冥想」是一個很廣泛的概念，泛指任何有意識集中精神的練習。我自己會把冥想當成大腦的肌力訓練。大多數冥想的方式，是專注在呼吸上，如果你的思緒飄走了（它一定會！）那也沒關係，緩緩地讓自己的注意力回到呼吸上就好。進行冥想時，腦中難免還是會有些雜念，盡量不要被它們帶走。

我發現，大多數人練習冥想時常犯一個錯誤，就是急著看到成效，所以容易感到挫折。如果你對冥想有興趣，可以設定兩分鐘的計時器，要求自己專注呼吸兩分鐘就好，然後再慢慢拉長時間。也可以利用冥想ＡＰＰ，或者上網找找冥想引導指令。冥想不用追求「正確」或完美，而是學習調整自己，集中注意力，清除日常生活的雜念。

視覺化

視覺化是一種心理練習，運用創造力，想像特定情境下你所期望的結果。視覺化的重點，在於訓練大腦以某種方式思考、感受。很多運動員在重要比賽前會進行視覺化練習，這一招也適用任何人。當你在腦中想像自己為了達成目標而採取行動時，就已經刺激了實際執行時會啟動的大腦區域，就像是一場心理彩排。

做視覺化練習時，重點不只是想像成功的瞬間，還必須一步一步視覺化完成目標所需的全部過程。比方說，你是一個正在準備律師資格考的學生，不妨從頭到尾想像應試當日的情況。起床，準備出門，前往考場。接著想像自己深呼吸，覺得平靜鎮定且充滿自信，然後你開始輕鬆作答。

漸進式肌肉放鬆

我們常常不知不覺在肌肉中累積壓力，漸進式肌肉放鬆是一種引導式冥想，透過一緊一鬆的方式，幫助不同肌肉群釋放壓力。研究發現，這種方法有助於降血壓、減少偏頭痛，還能改善睡眠品質。網路上有許多漸進式肌肉放鬆的語音指令和教學影片，冥想ＡＰＰ裡也常見這類練習。對於因為受傷或行動不便而不能運動的人來說，漸進式肌肉放鬆也是舒緩身體緊張的好方法。

力量姿勢

我們的肢體語言會透露我們的神經系統狀態。當我們覺得成功時，身體自然會打開，占據更多的空間。比如，在辛苦的競賽後，衝過終點線的運動員會高舉雙手，擺出一個典型的勝利姿勢。同樣地，我們得意時，會挺直腰板，昂起下巴。若是感到無力、緊張或不安時，我們反而會縮起來，讓自己減少存在感；像是雙手抱胸、駝背，或是低頭看地板。

幸好，即使在不自信的時候，只要擺出一個有力的姿勢，也能反過來提升我們的內在感受，甚至是他人對我們的印象。社會心理學家艾美·卡迪（Amy Cuddy）在她的TED演講〈你的肢體語言決定你是誰〉（*Your Body Language May Shape Who You Are*）中提到，只須站個兩分鐘的「力量姿勢」（Power Posing），就能降低壓力荷爾蒙（皮質醇），增加能提升自信的睪丸素。你可以試試看，在重要的面試或簡報之前，躲到無人的廁所擺個力量姿勢，讓自己充滿信心。如果你一直想在工作會議中發言但遲遲開不了口，保持自信的姿態，也能幫助你慢慢鼓起勇氣，參與討論。常見的力量姿勢包括：雙手高舉過頭，彷彿奪冠的姿勢；雙手叉腰，像神力女超人；自信地坐著，讓自己占據更多空間。[5]（不過還是要記得：如果旁邊站著一位想坐下來的可愛老奶奶，請不要占用兩個座位。）

親近大自然

許多人都知道，親近大自然對心靈有益。待在戶外不僅可以降低壓力、改善情緒，還能讓思緒變得更清晰。研究也顯示，經常接觸大自然的人，對生活的滿意度也更高。[6]更重要的是，在戶外活動能讓你暫時離開手機與電腦，從資訊爆炸的感官過載中逃出。你可以利用這段時間，好好欣賞大自然不可思議的美景。

你不用特地去登山或走森林步道，才有辦法享受這些好處，就算是住在無法輕易接觸大自然的城市，也有親近自然的方法。比如，中午休息時間去外面晃晃，在附近騎樓繞個十分鐘，也能對你的生活產生改變。試著找找看你附近有沒有綠地、公園、步道或植物園，這些都是很好的選擇。

正念

提到正念，很多人會想到在尼泊爾山頂打坐的僧侶，但其實正念不是宗教，也不需要把自己隔離在孤獨的環境中，任何人都可以練習正念。正念的意思很簡單，就是把注意力放在當下，運用所有感官去感受眼前的瞬間。當你完全專注於當下的時刻，大腦就不會拉著你去想過往的事，或是擔心未來。

正念不必複雜，也花不了你什麼時間。事實上，你可以將它融入任何日常活動中，比方說在洗碗、洗衣或遛狗時練習。重點是將全部注意力集中在當下的體驗上——洗碗時，感受肥皂泡沫在皮膚上的觸感；摺衣服時，聞聞薰衣草洗衣精的香氣；遛狗時，感受新鮮空氣和溫暖陽光的滋潤——而不是沉溺在思緒中。

無論你是喜歡編織、塗鴉、運動還是下廚，這些活動都是練習正念技巧的好機會。你不用開啟「自動導航模式」，只要單純地讓自己全心投入其中即可。更棒的是，嗜好本身就是釋放緊張和舒緩神經的好方法。一項研究發現，即使沒有任何藝術背景，只要進行創作，也能降低百分之七十五的皮質醇！[7]

哼歌、唱歌、打哈欠和漱口

你有沒有在音樂會上跟著大唱愛歌的經驗，或是在客廳中隨著你最喜歡的曲調狂舞？唱歌不只好玩，對身體也有好處！唱歌時的深呼吸會幫助血液充氧，還能在全身釋放「內啡肽」，也就是大腦的「天然快樂劑」。

此外，唱歌也是放鬆、冷靜神經系統最簡單的方法，因為迷走神經經過喉嚨後方的肌肉，所以唱歌、哼歌、打哈欠和漱口這些動作，都會刺激迷走神經。下次壓力大時，不妨停下來深吸一口氣，然後大聲嘆氣，看看會有什麼不同！

瑜伽放鬆術

「瑜伽放鬆術」（Yoga Nidra）是一種恢復身心的瑜伽練習，目的是進入一種介於清醒與睡眠之間的意識狀態。我練習瑜伽放鬆術時，常常覺得心還清醒著，身體卻已經睡著了。這種練習能幫助你與內在狀態建立連結，進入冥想狀態的自我探索，並促進深層的放鬆。如果你想親身嘗試，網路上有許多指導瑜伽放鬆術的影音可以參考。心理學家暨瑜伽學者理查德．米勒博士（Richard Miller），結合瑜伽放鬆術與西方心理學和神經科學，開發出知名的 iRest 引導式冥想練習系統，你不妨一試。

按摩

做完按摩後，你也會有一種「呼——」的感覺嗎？因為按摩能緩解肌肉緊張、促進血液循環、降低血壓和心率，有助於身體放鬆，進入「休息和消化」模式的最佳狀態。換句話說，如果你正在找藉口預約按摩，預算又允許的話，那就去做吧！

不過，常常去高級芳療中心做按摩，荷包未必承受得起（三百美元的提神柑橘香薰按摩？算了，還是省點錢，去家居用品店聞聞蠟燭的香味就好），也有人做按摩會害怕，尤其是經歷過創傷或性虐待的人。

幸好，你也可以自己來！利用雙手、網球、按摩球、按摩滾筒或其他家用品，隨時幫自己按一按。此外，你最了解自己的身體，哪裡緊就按哪裡，幫助血液循環。如果你有興趣了解更多，網路上有許多自我按摩和滾筒的文章與教學影片可供參考。

感恩日記

其實，寫感恩日記並不只是令人懷念的感恩節傳統——它真的對健康有益！已經有幾項研究指出，每週、甚至每天寫感恩日記的人，對未來更樂觀，健康問題較少，也睡得更好，人際關係更美滿，免疫系統更強，甚至連心血管風險都降低了。[8]感恩的重點不只是要自己往好的方面想，而是感激並充分利用已經擁有的東西，不是活在過去或未來。

如果你很難想到可以感謝的事物或對象，不妨從小地方開始，像是感激生活中的一些小事：一杯咖啡、今天早上的熱水澡。你也可以謝謝讓工作變得更有趣的辦公室好友、裝滿食物的冰箱，或是漫長冬天後第一批開花的水仙。甚至感謝在最後一秒趕上了公車。你也可以對更抽象或更深刻的事物表示感激，例如身體健康和遠離傷害。

表達感謝有很多種方式，寫感恩日記、記在手機的記事本中，或是寫在字條上，放進「感恩罐」。你也可以想想身邊支持你的人，並主動讓他們知道你感激他們哪些事情。感恩會提醒你生命的意義，從而訓練大腦面對生活的挑戰。

浸泡冷水（又稱潛水反射）

有些人在情緒激動時，會往臉上潑冷水，幫助自己冷靜下來。社交媒體上，現在也有許多人正在大力推薦沖冷水澡。你有沒有想過其中的原因呢？原來，冷水會刺激「潛水反射」的生理反應（也就是古老的「哺乳類動物潛水反射」機制），身體會本能地減緩心率、節省氧氣以幫助你生存，於是會感覺平靜。這時，副交感神經系統也開始啟動發揮作用了。

要刺激潛水反射，試試將臉浸入冰冷的水中，深度到太陽穴，維持的時間越久越好，直到感覺心跳慢下來（或是覺得需要呼吸時），再抬頭換氣。臉部的神經與迷走神經相連，刺激潛水反射可以幫助神經系統回到「休息與消化」模式，冷水的沖擊也能讓你的心思回到當下。一旦平靜下來，之前討論過的上層大腦就更容易開始運作。（有任何健康問題，如心臟疾病等，請先諮詢醫師再嘗試這個技巧！）

擁抱、依偎和重力毯

擁抱、依偎和重力毯都是通過深壓刺激來放鬆神經系統。儘管還需要進一步探索，但初步的研究指出，重力毯的深壓刺激能減輕焦慮症狀，增加快樂荷爾蒙（如催產素和血清素），並減少壓力荷爾蒙（如皮質醇）。[9]碰觸和輕柔的壓力也能喚起正面的回憶，像是兒時被擁著或被你愛的人抱著。重力毯或擁抱帶來的身體觸感和穩定壓力，可以幫助你在當下感到安心與踏實。

酒精對大腦的影響

說到身心關係，不能不提酒精對於大腦的影響。任何成癮物質都會影響心理健康，我之所以要特別將酒精拿出來討論，是因為各大酒廠與他們高額的遊說預算，不只設法淡化酒精成癮問題，還宣傳一個訊息：如果酒精對你產生了負面影響，問題出在你身上，是你缺乏意志力。但實際上，問題不在於你，而在於這種物質。

成為心理師前，我曾在華盛頓特區的國會山莊工作，主要負責募款。當時，喝酒是辦公室文化，在競選期間壓力爆表時，抽屜和檔案櫃總會莫名其妙出現幾瓶龍舌蘭酒和伏特加，辦公室的冰箱也長年備著啤酒，以及不知道放了多久的披薩。我那時以為這很正常，因為身邊每個人都是這樣撐起龐大的壓力。我那時有幾位上司，現在回想才驚覺，他們就是所謂的「高功能酒鬼」：晚間喝得爛醉，然後不知怎的，翌日照樣能回到崗位正常工作。我當時也不知道，酒精其實讓我的生活變得更混亂。

在我二十幾歲到三十出頭那段日子，每回出門瘋狂玩了一晚後，隔天心頭都會浮現一股夾雜著絕望與焦慮的悲傷，一種非常「頹廢」的感覺，那相當可怕。再加上我和朋友愛麗發明的「DADS」，也就是「宿醉後腹瀉」（Day-after-drinking Shits），你懂的，就是喝了太多瑪格麗特雞尾酒，半夜三點還硬吃比薩，隔天腸胃直接崩潰的狀況。當然，還有頭痛、噁心，以及宿醉帶來的種種不適。我知道一夜豪飲之後身體不舒服很正常，但我完全沒意識到，原來精神崩潰也很常見，而且不是只有我會這樣。「宿醉焦慮」（Hangxiety），也就是喝酒後的焦慮感，確確實實存在著。接下來，我要帶你認識它背後的科學原因，請把我想像成卡通《魔法校車》（*The Magic School Bus*）裡的費老師——朋友們，請繫好安全帶，我們將展開一場充滿啟發的旅程！

想像一下，現在是星期五下午五點半，承受了一整天的工作壓力後，終於來到了酒吧的歡樂時光。這是個美麗的秋日，你喝著一杯酒，不到三十秒，胃壁就開始吸收酒精，五分鐘內，酒精就進入了大腦，十分鐘後，你開始感受到微醺，大腦已經釋出讓人快樂的多巴胺，還有讓人放鬆的γ-氨基丁酸（GABA）。你忽然不再拘謹，平日的擔憂也退下了，整個人自信起來，甚至可以輕鬆地與吧檯那個讓你眼睛一亮的對象攀談。工作的壓力一點一滴消失了。

聽起來一切都很棒，對吧？先別急著下結論喔。人體是一部非常精密的機器，會努力維持內部平衡與穩定，所以，當大腦察覺多巴胺和γ-氨基丁酸突然激增，它會出手抵銷這種過度的、人工的愉悅與平靜，釋放其他的化學物質到體內，像是谷氨酸、皮質醇和強啡肽。於是，問題來了。谷氨酸是一種讓人亢奮的神經傳導物質，會干擾睡眠節奏，所以我們在狂歡過後經常會半夜驚醒。皮質醇則是壓力荷爾蒙，負責平衡酒精的抑制作用。至於強啡肽，它是一種天然的鎮靜劑，阻止多巴胺神經元的釋放，將你的情緒壓下來，甚至觸發一波絕望感。這也許就解釋了為什麼有人喝了一整晚，到了半夜兩點會開始哭泣或是發酒瘋。

當酒精開始從體內排出時，你會開始經歷戒斷反應，可能心跳加速、呼吸不順、血糖過低、脫水和疲憊不已。你也可能腦中一片空白，不太記得自己前一晚的言行舉止。如果你正在設法控制飲酒量，說不定還會因為放縱而覺得失望，最後更因為宿醉而浪費了一整天的時間，沒有做些愉快或有意義的事情，於是生自己的悶氣。以上種種因素，都會讓宿醉焦慮變得更為嚴重。

這些關於酒精的真相可能讓人有些難以接受，畢竟喝酒這件事，經常被賦予浪漫的包裝，與許多活動綁在一塊，一般人普遍認為，少了酒就無法真正享受樂趣或放鬆。長時間工作後想放鬆一下嗎？來瓶啤酒吧！覺得工作育兒兩頭燒？來杯玫瑰紅葡萄酒吧！喝得越多，這種「酒＝放鬆」的觀念就會更加根深蒂固。久而久之，酒精會對多巴胺的分泌產生負面影響，讓你越來越難從日常的小事中感受到快樂，例如欣賞夕陽、看貓咪影片，或是收到好友寄來的搞笑哏圖。

我在新冠肺炎疫情期間下定決心戒酒。即便不會有人說我「喝酒喝出了問題」，我也從來沒有出現任何不良的後果（至少表面上看來如此），但是酒精的確開始侵蝕我的心理健康。疫情正值高峰時，我像許多人一樣，工作忙到不行，卻又缺乏可靠的育兒支援，我不是在工作，就是在照顧孩子，看不到忙碌的終點。我沒有餘裕從事讓我感到平靜或快樂的事情，比如運動、見朋友或上館子吃頓飯。那段日子非常黑暗，我感到整個人被困住了，找不到任何出路。和許多人一樣，酒精成了我那段期間過度依賴的安慰，以及逃避問題的方式。直到有一天，我收到了「來自宇宙的訊息」，我不知道怎麼形容，就是一種直覺：如果我願意戒酒，我就可以實現目標。所以，我戒了，不然還能怎麼辦呢？宇宙都開口了，能不聽嗎？

一段時間不喝酒後，奇蹟確實發生了。我覺得自己很棒，聚會不喝酒也玩得很盡興，而且可以完全感受到所有的情緒，無論是快樂、低潮、難過還是美好的感覺。在人生的這個階段戒酒，對我個人來說是個正確的決定。然而，我絕對不會對他人喝酒指指點點，每個人都必須自己決定與酒精的關係，這是一個非常個人的選擇。我唯一的目標，是提供你充分的資訊，讓你做出自己的明智抉擇。你最不需要的，就是因為攝取酒精，讓你為了維持心理健康所做的努力歸零。

如果你正在努力維持心理健康，但仍然感到壓力重重，你可能需要重新檢視自己的飲酒習慣。你真正該問自己的，不是「我是不是酒鬼？」而是「我目前這樣喝酒，真的對我有幫助嗎？」[10]酒精對你的生活是加分還是扣分？你覺得繼續喝酒，你也不會失去原本的魅力跟快樂嗎？[11]如果你不確定，不妨暫時停止飲酒，看看自己有什麼感覺與變化，這些真實感受，可以幫助你做出下一步的決定。希望你能夠選擇有意識地飲酒，讓心理和身體都維持在最佳狀態。

其實，戒酒也是一種自我力量的展現。當你喝醉時，更容易做出與自己價值觀和倫理背道而馳的行為，把自己的創意、智慧、健康、清晰的頭腦、財務、體力拱手讓出。而我呢，是再也不會放棄這樣的力量了。所以，想像一下，如果你戒酒，或開始更注意自己的飲酒習慣，你會達成什麼目標呢？

思考×行動小練習

1 選一個星期，觀察一下你的神經系統什麼時候會被啟動——也就是感覺到焦躁不安或快要崩潰的那種時刻。與自己聊聊：我這一刻需要什麼？然後，選擇一個安撫神經的技巧練習一下。

2 每天睡覺前，寫下三件讓你心懷感謝的事。記住，這些事情可以是簡單的，也可以是深刻的。

3 如果你一直在思考自己與酒精的關係，或者考慮減少飲酒，不妨給自己一週（甚至一個月！）的時間，遠離酒精。在一週（或一個月）結束後，看看自己在情緒、精力和思考上有什麼改變，然後決定下一步該如何走。

Chapter 4

當一名情緒的管理者

「刺激」與「回應」之間存在一個空間。

在那個空間中，我們擁有選擇回應的力量。

而我們的成長與自由，就蘊藏在那個回應之中。

——佚名

情緒調節：先自我覺察，以免失控翻車

我向來不擅長處理情緒。來自美國中西部的我，遇到身體或心理上的問題，只有一個答案：「我沒事啊！」我們中西部人，就算真的對某人不高興，也只會說：「哇，黛比，你做的焗烤炸薯球超好吃，是不是加了奶油蘑菇湯跟奶油乳酪啊？」成年之後，遇到狀況我還是繼續假裝一切都很好，自以為很堅強，什麼都能應付！結果就是硬撐，直到撐不下去，最後情緒爆炸。我的「爆炸」，是突然大哭特哭，把所有壓抑的情緒一股腦兒倒給我媽聽。

我記得，有一次我在一家公司兼差，但他們交代我的工作量，根本就是幾個全職加起來的程度。當時我正在接受生育治療（光是荷爾蒙波動、能否懷孕的不確定感，加上越來越驚人的醫療費用，就已經壓得我喘不過氣——太讚了，對吧！）經常情緒低落，覺得壓力爆表，還對自己拿兼職薪水卻做全職工作而生氣。某天工作時，我氣到狠狠踢了垃圾桶一腳。剛好有個男同事經過走廊，聽到聲音問發生什麼事，我還撒謊，說是垃圾桶自己倒了。身為成年人，我居然用踢

垃圾桶來表達情緒，這真的沒什麼好驕傲的，但起碼我沒去踢人，這樣想是不是能稍微感到一點安慰？

回頭看那段時間，我發現我會爆炸，其中一個原因是沒有設下工作的界線（這部分會在下一章講得更細），應該重新檢視自己的工作負荷，並誠實面對我的承受能力。我現在已經明白，無法獨自扛起所有的工作時，就該開口求助，也需要學會處理令人喘不過氣的壓力和情緒，而不是用踢垃圾桶這樣沒用的行為來發洩。這就是情緒調節的基礎——不是任由情緒牽著你走，而是學會掌控它。

「情緒調節」與「情緒反應」之間有什麼不同呢？假設你是職場新人，馬上就要升職了，結果身邊有位非常討人厭的同事，做事老是趕不上截止日，對此你很氣惱，卻還要想辦法解決問題。情緒反應會讓你直接大吼：「明明寫在行事曆上，你是白痴嗎！我到底要提醒你多少次，還是你不識字？」情緒調節則不同，你會寄一封電子郵件給他們說：「我想大家對於截止時間可能有點誤會，我們能否一塊釐清時程安排？」管理好情緒，你能在情緒反應之前先思考，而不會過於衝動，毀了升職機會或職場人際關係。情緒調節有三個主要目標。第一，確認並認識自己正在感受的情緒，生氣、傷心或開心等情緒可能很好察覺，但是無聊、尷尬、沒有安全感或冷漠，可能需要一些練習才能清楚辨識。第二個目標，是降低自己感受不舒服情緒的頻率和強度，這通常可以靠著調整生活方式達成，也就是所謂的「降低情緒脆弱性」。最後一個目標，是釋放讓你困擾的情緒，以減少情緒上的痛苦。我之後會在本章中分享實現這些目標所需的方法。

檢查你的情緒：破解常見的情緒迷思

在詳細探討情緒調節之前，我們先來澄清一些關於情緒的誤解，因為不是每一句你聽過關於情緒的說法都是正確的。如果你有強烈的情緒反應、受虐或創傷的歷史，或者從小沒有人示範健康的情緒調節，這一節尤其值得一讀。

迷思一 表達情緒是脆弱的表現

我們的社會文化習慣鼓勵人們壓抑自己的情緒。例如，男性常常被灌輸「有情緒就不夠MAN」的觀念，女性則被告誡應該避免表達憤怒才是「乖巧」。人們隱藏情緒還有其他原因，比方說，渴望建立穩定的關係，所以不想嚇跑潛在對象；或者正為了達成某目標而全力衝刺，硬是把父母過世的悲痛擱在一邊。

其實，壓抑情緒會耗費大量的體力與認知能量，對身體造成顯著的壓力，還會導致皮質醇濃度飆升，增加心臟病和癌症等風險。你越是壓抑情緒，就越難與他人產生共鳴，導致他人覺得你不好親近。更慘的是，你終究只能壓抑自己的情緒一段時間，它們最終還是會反撲、爆炸。

迷思二 某些情緒就是壞的

情緒本身沒有好壞之分，它們其實是很珍貴的訊號，幫助你面對世界。以這個角度來看，情緒其實是一種適應。恐懼，讓你閃避危險；內疚，提醒你錯了就要補救；憤怒，讓你知道自己受了委屈，或者改變的時候到了；悲痛，表示你失去了重要的人或目標。因此，就算某些情緒可能讓你感覺不舒服，也不表示它們是「壞」的。

迷思三 你感受到的情緒都是真實的

就像我們在第二章提過的，「感覺」不等於「真實」。舉例來說，你在約會時被放鴿子，可能會瞬間覺得自己沒有魅力、沒人要，但這並不是現實，你只是度過了一個很不開心的夜晚。又或者，你在工作上出了錯，可能馬上覺得自己是廢物、是白痴，但是，一次失誤不代表你就是一個不合格的員工。你也是人，是人就會犯錯。

所以，情緒有時確實可以當成有利的指引，但也不是每次都值得完全相信。比方說，你感到一陣焦慮，認為自己正面臨著危險，但你卻選擇逃避，即使行動才是對自己最好的方式。由於焦慮，所以不去面對必須面對的事情，這種經驗我多得很。像今天早上，我應該寫一封很難寫的電子郵件，情緒卻拉著我去做其他工作來逃避。但我知道，只要把那封郵件寫好寄出，我整個人就會鬆一口氣。

迷思四 每個情境都有一種「正確」的情緒反應

每個人對事情的反應各不相同。比方說，萬聖節過去了，你最好的朋友非常興奮，因為她喜歡做耶誕布置，你卻為了鬼屋活動結束感到空虛，巴不得一年到頭都是萬聖節。成長的文化也會影響一個人如何表達這些情緒，像我有幾位來自東亞家庭的個案，在他們的家庭中，情緒的表達（尤其是負面情緒）往往是不被鼓勵的。對這些個案來說，情緒壓抑是一種促進家庭和諧及相互依賴的方式。

迷思五 沒有情緒起伏，生活會很無聊

沒有雲霄飛車般大起大落的情緒，生活一樣可以充實精彩。事實上，當情緒過於極端時，反而更可能在衝動之下做出無用的行為；如果對管理情緒更熟練，就可以避免這些負面後果。有一回，我對我的公婆有些不滿，覺得他們根本沒有用心聽我說話，但是我沒有心平氣和地直接說出我的感受，而是選擇猛喝酒，大聲唱民謠〈丹尼男孩〉（*Danny Boy*），還唱了好幾遍。現在的我已經學會好好處理

情緒，可以自信地表達我的需求和界線，而我的生活呢？照樣很有趣。

走出雲霄飛車般的情緒

你不必被情緒牽著走，它們不是大腦中無法控制的固定反應。你所擁有的主導權，比你想的更多。掌控情緒雖然需要練習，但只須幾個簡單的步驟，就能慢慢做到。[12]老實說，我真希望這些東西能成為中學課程的內容，這樣我就能避免那場尷尬的「丹尼男孩」事件。不過，擇期不如撞日，現在就是學習與情緒相處的最好時機，無論是沉浸其中，還是適時抽離。

步驟一 深呼吸！

沒錯，你猜對了，管理失控情緒的第一步，就是練習緩慢的腹式呼吸來平靜神經系統。我相信，你已經聽膩了我要你深呼吸，但我還是要再強調一次，因為深呼吸真的非常有效，能夠在負面情緒一浮現的時候，及時阻止它惡化下去。

俗話說得好，解鈴還須繫鈴人。換句話說，如果你情緒反應過於激烈，怎麼可能好好處理問題呢？深呼吸是降低情緒反應的簡單方法，先讓自己冷靜下來，比較不會做出一些衝動的行為，像是對著浴室鏡子亂剪瀏海，或者衝去刺青，結果搞不懂外語的意思，刺上了一些令人尷尬的詞彙。

步驟二 觀察身心感受

接著，觀察身心狀況，察覺當下的想法、情緒與身體感受，像是心跳變快、胃部不適、頭痛、手心發熱出汗。然後，嘗試辨認你正在經歷的情緒，以不帶批評的語氣對自己說：「我注意到我開始焦慮，但這沒關係。」辨認自己的狀態，會幫助你重新啟動負責理性的上層大腦，降低情緒反應。

步驟三 提醒自己這些感受和情況都是暫時的

你現在可能覺得非常難受，但是這種感覺不會永遠持續。情緒就像海邊的浪潮，來來去去，所以情緒管理就好像在學衝浪，你不用壓抑或阻擋情緒的波浪，也不用強化它，讓它最後把你整個人吞沒。你要做的只是順著浪前進，情緒就會逐漸消退，就像打到沙灘上的波浪一樣。

步驟四 保持好奇心

問問自己，到底是什麼觸發了你的情緒？為什麼偏偏在這個時刻，你會有這樣的情緒反應呢？很多時候，我們對自己或世界所抱持的信念或價值觀遭到踐踏時，情緒就會被挑動。（你會在第八章進一步了解何謂價值觀。）例如，我有一位個案非常重視效率，凡事力求迅速完成、節省時間，只要同事開始偏離主題，或是開會超時，他就會變得非常沮喪，而表現出來的反應往往是暴躁易怒，或是尖酸刻薄的語氣。當他學會情緒調節後，遇到開會同事又偏離正題時，他會先深呼吸幾次，然後以平靜的語氣把話題拉回來。

步驟五 採取行動

如果你已經一步步走到這裡，那麼你應該已經能夠平復最初的情緒反應，準備更有效地解決問題了。問問自己：什麼對目前的情況最有幫助？什麼是最合乎邏輯的理性行動？如果待辦事項太多，情緒快要爆炸，你能否開口請求協助？或是重新安排工作，先處理最重要的任務？又或者，你一直逃避跟同事溝通的那件事，也許現在正是開口的好時機，因為你已經花時間整理好思緒與情緒了。

就在前幾天，我實際運用了這五個步驟與我家四歲的孩子互動。跟幼兒很難講道理。這個小傢伙，就是我前面提過拒絕梳頭髮、看起來就像音樂劇《安妮》（*Annie*）裡的邋遢小孤兒那一位。當時我們正準備出門上學，到了該處理她頭髮的時候（請自行配上驚悚的音效），她果然瞬間暴走，大吵大鬧，四處閃避我和那把梳子。

幸好，這陣子我一直在研究情緒調節的技巧，當下就先做了幾次深呼吸，感受到心頭充滿著沮喪、惱怒和無力感，腦中還有一個聲音說：**我是個不稱職的媽媽，連讓孩子準備去上學這件事都搞不定**，還有，**我們真的不能再遲到了**。接著，我提醒自己：感到挫折、混亂都沒關係。然後我開始好奇是什麼原因造成這種情況。我想起，其實我是個晨型人，早晨對我來說是最美好的時光，這個小孩破壞了我的寧靜，讓我的一天有個很不愉快的開始，我當然覺得沮喪。

我又問自己：怎麼做才對整個情況有幫助？我決定，這個小女孩該去美髮院一趟，於是當天我就預約了時間。現在，她換上一顆可愛到不行的鮑伯頭。雖然她有些哀怨，說她還是想像長髮公主一樣留長頭髮，不過，起碼最近幾個早晨我們家已經不再上演雞飛狗跳的情節了。情緒調節，大成功！（至少這一回是這樣，等她變成青少年，你再來問問我如何應付吧。）

在本章接下來的內容，我會再分享幾個技巧，幫助你跳下情緒雲霄飛車，學會駕馭所有的情緒。重點其實很簡單，就三件事：主動出擊、提升正念技巧、練習情緒接納。

一定要把自我照顧擺在第一位

主動出擊，其實是為了提早降低面對強烈情緒的脆弱度。如果你連基本的自我照顧都做不好，要控制情緒一定非常困難。比方說，你整晚熬夜在HBO上追《權力遊戲》，還喝了六罐啤酒，隔天上午老闆給了你一個非常讓人沮喪的任務，要求你下班前完成。你覺得你還有辦法冷靜沉著地回應老闆嗎？嗯，我想不太可能。

要降低情緒脆弱度，可以嘗試運用「PLEASE」，這套步驟與自我照顧章節中的內容非常相似，但我要不厭其煩再講一次，因為自我照顧真的很重要！

● 維護生理機能（PhysicaL）：照顧好身體，該看醫師就去，必要時做檢查，按時吃藥。
● 規律進食（Eat）：按時吃飯進餐，營養要均衡。給自己充分的時間好好吃正餐和點心。養成對身體有益的習慣，像是多吃水果蔬菜、少碰精製糖，也要顧好脂肪、蛋白質和纖維的攝取，幫助穩定血糖。
● 遠離有害物質（Avoid）：避免接觸會影響心智的物質，比如酒精、尼古丁、咖啡因、毒品；此外，也不要亂吃藥。這類物質通常會取代真正有幫助的調適策略。
● 足夠的睡眠（Sleep）：每天都要得到充分的睡眠，我們前面說過，充足的優質睡眠對心理健康非常重要！

● 適時運動（Exercise）：運動、伸展或以你喜歡的方式活動身體，好處包括減少焦慮、改善睡眠和提升身體健康。

別再責怪自己了

我們往往一有情緒反應，就開始批評自己，但這樣只會讓心裡更難受。例如，我感到沮喪時，常常告訴自己：**我哪有資格難過？我生活明明過得很不錯。**於是，除了原本的難過，我心中又多了內疚和羞愧。如何打破這種惡性循環呢？我常常請我的個案說出自己的情緒，最後加上一句「但這沒關係」。如果家中幼兒已經讓你有點受不了，不妨告訴自己：**我覺得好沮喪……但這沒關係**。

你也可以反問自己，這種情緒是想告訴你什麼，如果它會說話，它會說什麼？你感到煩躁時，可能是提醒你該休息了。又或者你感覺到妒意，這個情緒或許是一條線索，指向你生活中可能缺失的東西。所以，你可以問問自己需要什麼，不要責怪自己為何會有這樣的感覺。

接受，才能更輕鬆

另一種面對情緒的方式是「徹底接受」。學著徹底接受，你會發現有些事本來就超出了我們的掌控，於是你能接受現實、不再批評。比方說，你看向窗外，發現烏雲密布，大雨直落，心中可能會抱怨：**真倒楣，今天這麼忙還給我下雨！**這種想法只會讓你更煩更生氣。徹底接受則是換個方式思考：**哦，下雨了耶**。然後，繼續做該做的事，不把「下雨」這件事當成是針對你個人而來，畢竟雨不會特意來找你麻煩，不過是自然現象罷了。

最近我也常常在練習徹底接受。秋冬一到，幼兒園和小學就成了病毒溫床，兩個孩子動不動就生病。（對，我超後悔，今年黑五購物節沒買那臺手提式地毯清潔機，家裡老是有人嘔吐，真是太需要它了。）我天生喜歡做計畫，但這陣子由於孩子生病，我只好放棄對一天或一週的事先規畫與期待。這時，「徹底接受」就派上用場了，我不再浪費心力去想為什麼又發生了這種事，或是覺得自己永遠無法照著計畫走。

徹底接受，不是要你去喜歡那些討厭的情況，我當然不喜歡小孩停課，更不樂意清理嘔吐物。徹底接受，是我接受了這個不太理想的現實，不去跟它硬碰硬，畢竟我改不了孩子從午夜到凌晨兩點之間吐了三次的事實，拒絕接受也不會改變已經發生的事實，只會讓我的痛苦加倍。

練習徹底接受很簡單，可以從每次遇到掌控不了的困難或不舒服的情況時，留意自己冒出了什麼念頭開始。當你發現自己有以下想法時，務必特別注意：

- 我做不到
- 為什麼是我？
- 人生也太不公平了吧！
- 我沒輒了

這些想法反映出你還沒有真正接受，才會有憤懣、委屈和絕望的感覺，甚至以消極的方式抵抗，例如喝酒、亂花錢，或狂滑手機來麻痺情緒。徹底接受，會把想法慢慢轉換成這樣的語氣：

- 好吧，事情就是這樣了
- 我會把注意力放在我能控制的部分
- 我改不了情況，但可以改變我的觀點
- 有些事確實是我無法控制的
- 狀況有點棘手，但我可以處理

練習徹底接受，你會越來越常運用理性和邏輯來處理混亂。這種思考方式展現了成長、希望和韌性，也讓你更容易體驗「痛，但快樂著」的狀態。比如，天氣預報會下雨，足球比賽因而取消了，失望是必然的，但這也代表你今天得了空閒，可以在家享受Netflix的影片，輕鬆一下。這樣的安排，也挺不錯的嘛。

HALT

HALT在英文是「暫停一下」的意思，在戒癮治療中，則是四個單字的縮寫：「Hungry」（飢餓）、「Angry」（生氣）、「Lonely」（孤單）和「Tired／Thirsty」（疲倦或口渴）。HALT經常用於預防癮頭復發，不過對管理情緒也非常有用。當你感受到強烈的情緒時，不妨先HALT一下，問問自己——我現在會不會只是餓了、生氣了、覺得孤單，還是很疲倦、很口渴？

飢餓

當你焦慮、低落、提不起勁的時候，先想一下：「我上次吃東西是什麼時候？」今天有吃早餐嗎？午餐還沒吃？想吃點零食沒什麼好丟臉的，如果我們下午三點讓國會議員坐下來吃點餅乾配花生醬，搞不好就能解決國家層級的問題。不過，吃東西可不能亂吃，蛋白質和纖維會穩定血糖、穩定情緒。一袋小熊軟糖？沒用的，相信我，我有經驗。

生氣

有人惹你了嗎？是不是感到委屈或被利用了？如果是的話，請對這個情緒保持好奇。也許需要說出來，或者跳幾下，還是快走一圈，把怒氣釋放掉。仔細聽聽怒氣和怨懟在說什麼，這類情緒通常是在提醒你：有些事情該改變了，你可能需要設立更好的界線。

孤單

真誠且有意義的人際關係，是對抗情緒低潮的良方。只要知道自己不是孤單一人，心裡真的會舒服許多。如果你最近覺得壓力很大，不妨主動聯絡一下朋友，傳個簡訊說你想念他們，或是寄張明信片。有許多小舉動能夠創造連結，像是對便利商店店員說聲謝謝、給咖啡師一點小費，甚至讚美路人一聲。現在越來越多人居家工作，社交方面的確得更用點心思，如果你覺得孤單，也可以報名課程、參加活動，讓社交成為生活的一部分。

疲倦或口渴

當你太累或脫水時，情緒調節會變得更加困難。感到不對勁時，先去喝杯水，或者小睡五到十分鐘，就算只是在車上閉目養神幾分鐘，我保證，也比花同樣的時間滑手機來得有用。

季節會變，情緒也一樣

每當春天第一個晴朗和煦的日子來臨時，每個人突然都像是嗑了顆搖頭丸那般興奮，為什麼呢？因為人類的生物本能。陽光正好時，我們渴望待在戶外，太陽下山後，則想躺平睡覺。這與我們內在那個調節身心機能的生理時鐘有關。

所以，季節變化會影響情緒，真的一點也不奇怪。天氣變冷、日照變少時，大腦也會跟著分泌較少的血清素（快樂荷爾蒙）。褪黑激素的濃度更是受到季節左右，會影響你的情緒與睡眠，甚至讓你想睡更多、提不起勁、懶得社交、容易暴躁，連快樂的活動都興趣缺缺。在秋冬時節，如果你只想用毛毯把自己捲起來，看李德拉蒙（Ree Drummond）在烹飪節目《先鋒女廚師》中做焗烤，你並不孤單，那種感覺我懂。

如果季節變化讓你的日常生活大亂，可以試試在冬季多到戶外走走，或是嘗試光療燈（利用特殊燈箱增加光照）。也可以和醫師或健康照護專家討論，看看是否需要補充維他命 D 或服用藥物。

去去去……去他×的佳節快樂

我爸罹患癌症很多年，最後在我高一那年的耶誕節過世。請注意，我沒有說什麼「他輸給了癌症」，生病不是打仗，也不是打橄欖球，沒有所謂的輸贏。有人因病離世，那不是不夠努力或缺乏求生意志。我爸也不是什麼癌症「受害者」，又不是哪個癌細胞躲在巷子裡拿刀捅他，準備搶他的錢包。有人會康復，有人不會，確實很殘酷，但這就是現實人生。謝謝大家聽我這場即興TED演講。

回到正題上——可想而知，我並不怎麼喜歡耶誕節，甚至剛剛還傳簡訊給我哥說我討厭耶誕節，想買一雙昂貴的鞋子來安慰自己。他回說：「買兩雙。」這就是我超愛我哥的原因。

以前只要看到第一則耶誕廣告——通常過了萬聖節就會出現——我就會胃痛，開始覺得痛苦。我一邊咀嚼萬聖節剩下的軟糖，一邊看著耶誕節廣告：某個有錢的傢伙，穿著圖騰花紋毛衣，偷偷買了一輛豪華汽車給配偶，車子還綁著巨大的蝴蝶結。拜託，誰會瞞著配偶做這種大手筆的消費？這些巨型蝴蝶結又要去哪裡弄來？連從收音機中聽到某些耶誕歌曲我也會很火大，特別是歌詞會唱到

「最幸福的季節」那首！對某些人而言，這可能真的是最幸福的季節——直到他們身邊有人去世。（如果你懂這個黑色幽默，咱們可以找個時間聊聊！）

現在我已經與耶誕節和解了（因為我還是喜歡禮物、餅乾和亮晶晶的東西）。不過我知道，很多人對節日的感受也是五味雜陳。電視廣告往往把節日包裝成溫馨的場景：通常是一對白人異性戀夫妻，有錢、有愛、有孩子、有祖父母，全家穿同一款睡衣，桌上擱著蜜汁火腿，耶誕樹裝飾得無可挑剔，包裝精美的禮物像山一樣高。但我非常懷疑，誰家是這樣過耶誕的？

面對節日的到來，好像內心就該充滿著感恩、喜悅與和平，但許多人其實懷著不一樣的情緒，甚至在假期期間還得面對財務壓力、成癮問題、家庭衝突、悲痛、照顧責任和其他互相衝突的需求。感恩節晚餐的餐桌上，奶奶問你什麼時候能讓她抱孫，但是你正在做第二次試管。你很想帶著同性伴侶回家見見家人，但你叔叔只要三杯啤酒下肚，就會開始發表政治謬論，或者引述他那位強調不合規範就下地獄的牧師講話。

所以，如果你在節日裡一點也不快樂，那不是你有問題。節日本來就可能充滿壓力，事情亂七八糟，讓人覺得心煩。允許自己感受各種情緒，而且在這段期間更要加強自我照顧，並練習維持健康的界線（這部分下一章會細講）。我不知道誰需要聽到這句話，但我要認真地說：過一個簡單無聊的假期，完全沒問題！某些傳統對你來說已經失去了意義，那就跳過吧，或自己改一改活動吧！沒人會介意你有沒有寄賀卡（如果他們在乎，那也是他們的問題，與你無關）。如果今年送禮真的超出預算，請坦白跟家人談談你能負擔什麼、不能負擔什麼。耶誕假期沒有一定要怎麼過，只要你盡力就好。還有，請記住一點：沒有人真的活得像那些完美的耶誕廣告，那都是演的！我敢打賭，就連聖母瑪利亞在第一個耶誕夜，看到三位智者送來乳香、黃金跟沒藥，心裡也會不太高興，怎麼不是咖啡、尿布和濕紙巾呢？

製作「調適提示卡」或「情緒急救箱」

當情緒真的把你壓到喘不過氣，很多人會感到迷惘，不知道該怎麼辦。別忘記，那是因為位於下層的情緒大腦主導著思緒時，上層的理性大腦會暫時休眠，令你一時之間難以冷靜思考最佳的反應策略。這時候，事先準備的情緒急救技能就派上用場了。提前準備好技能，當面對挑戰時，你才擁有充分的信心來應對。

我有幾位個案喜歡製作「調適提示卡」，護貝後放進皮夾，也有人喜歡將提示保存在手機備忘錄中。還有人更進一步，做了實體的情緒急救箱，也就是把一些減壓的想法收在一個漂亮的盒子裡。以下是一些你可以放進去的東西：

- 激勵人心的名言或肯定句
- 正念呼吸練習
- 冥想ＡＰＰ連結
- 適合不同心情的播放清單
- 壓力球、紓壓玩具、黏土、史萊姆或可以戳爆的泡泡紙
- 最喜歡的電影或影集清單
- 可以聯絡、發訊或寫信求助的名單
- 神經系統調節小技巧（例如：做二十五個開合跳、用冷水潑臉）
- 有趣或美麗的文具和郵票
- 成人塗色本、拼貼素材和藝術用品

● 紓壓的香氛蠟燭或精油（例如：薰衣草、依蘭、檸檬、迷迭香）
● 茶、糖果或零食
● 一本喜愛的書
● 有趣的卡通或哏圖
● 危機專線

你也可以為身邊正在經歷低潮的朋友準備一份。明年耶誕節，我打算替送禮名單上的每個人準備一個「情緒調適禮籃」，學歐普拉．溫弗蕾（Oprah Winfrey）當年贈送現場觀眾一人一輛汽車那樣——你有份，他有份，人人都有份！

當情況變得非常嚴重時

有時候，不僅僅是壓力大到讓人喘不過氣而已，是開始覺得看不到人生的出路。在此，我要鄭重告訴你，如果你曾經有過「不想再活下去」、「希望自己死去」、「不想再醒來了」這樣的念頭，你並不孤單，也不是「瘋子」或「怪咖」。

在經歷以下情況時，有些人會開始出現想結束生命的念頭：

- 孤立和絕望
- 嚴重的心理疾病
- 財務困難
- 成癮
- 重要關係的結束
- 慢性或末期疾病
- 腦部創傷
- 霸凌、虐待或暴力
- 羞愧感

在討論自殺念頭時，我們常會區分成「消極」的念頭和「積極」的念頭。消極自殺念頭是想要結束自己的痛苦，開始思考如果不再存在會是什麼樣子，或者渴望逃離自己的問題。當你有消極自殺念頭時，可能抱著結束自己生命的想法

（例如：**我希望能夠睡著並永遠不再醒來、我的家人如果沒有我會過得更好、我希望一切結束**），但沒有具體的自我傷害計畫。相對之下，積極自殺念頭則會思考結束生命的具體方式，比消極自殺念頭更嚴重，因為它不只有死亡的意圖，更有執行計畫。有積極自殺念頭的人，可能會收集致命的工具，開始與他人疏離，極少參與活動，或送出個人物品。

雖然消極自殺念頭通常不會立即構成死亡風險，但也不能掉以輕心，因為它可能會演變成積極自殺念頭。自殺念頭也可能讓人做出魯莽的行為、參與危險的活動（例如：不繫安全帶、酒駕）。他們或許沒有積極想要結束自己的生命，但仍然從事可能會導致遺憾的行為。因此，如果你出現消極的自殺念頭，評估自我傷害的風險是非常重要的。如果你有這樣的念頭，但還沒有具體的行動計畫，現在就是向值得信任的朋友或家人求助的最佳時機。尋求他們的支持、一起討論，同時確定你下一步的心理健康治療。如果你生活中某些事情有所改變，你會感覺更好或不一樣嗎？這個問題可以提供你重要的資訊，讓你知道下一步該專注於什麼。（更多尋求心理健康資源的資訊，請見第九章。）

如果你正在思考「怎麼做」或「什麼時候」結束自己的生命，而且手邊有致命的工具（像是家中有藥物、刀械或槍械），請立即採取措施確保自身安全。聯繫身邊信任的親友或熟人，也可撥打安心專線 1925，或直接前往精神科就醫或急診。你現在的感受強烈且真實，這沒有錯，但也請你相信，你一定可以得到幫助，你值得活下去，你也一定會康復的。給自己一個機會。

思考X行動小練習

1 回想你最近一次情緒很強烈的時候，當時有哪些情況可能影響了你的情緒？你是不是太餓、太累或太渴？有沒有到戶外曬太陽？是不是你的哪個信念或價值觀被侵犯了？

2 想一位讓你羨慕的對象，那人擁有什麼是你希望自己也能擁有的？你如何把這份羨慕轉化為行動？

3 如果你此刻正好感到焦慮或沮喪，問問自己：我可以做什麼讓焦慮或沮喪減少百分之五呢？有許多事情是我控制不了的，但也有些事是我可以控制的，那會是什麼事呢？

4 想想看，生活中可用哪些方式練習徹底接受？不一定要從大事開始，從一點點的小事練習也很好。又有哪些事情是你真的無法接受的呢？

Chapter 5

設定健康的人際界線

真正具有同理心的人，懂得開口說出自己的需求，
該說「不」時會勇敢說「不」，
說「好」也是真心誠意的。
他們能夠溫柔待人，
是因為清楚的界線讓他們遠離了怨懟與壓抑。

——布芮尼・布朗（Bren Brown）

什麼是人際界線？

界線是一件非常美好的東西。在成為父母之前，我從未好好思考過什麼是界線，但做了母親後，一切突然都變得有限——我的時間、精力、耐心，皆有上限。於是，界線成了守護我內心平靜的最後那道防線。蘿蘋・亞爾宗（Robin Arzón）是一位很受歡迎的健身教練，她常說：「界線很迷人。」說得真好。

我對人際界線的定義是：為了保護自己心理、情感和身體健康而設立的限制。概念類似於在你家院子周圍設置一道籬笆，而你的人際界線清楚地讓他人知道，什麼是你能接受的、什麼是你無法接受的。設定界線不是為了懲罰或傷害他人，而是了解自己的需求，好能成為最好的自己、維持人際關係，並讓生活更有滿足感。個人界線也可以預防情緒倦怠，避免我們憤怒或是感到被利用，進而創造出身體、情緒和心理上的安全感。

人際界線大致可以分為三種類型：「鬆散型」、「嚴格型」或「健康型」。接下來，我會更深入介紹每一種界線，說明如何建立更適合的界線，以及如何更有效地表達自己的需求和想法。

鬆散型界線

當一個人沒有特地設立界線時，他們的界線就屬於鬆散型或薄弱型。這種狀況就好比你家院子沒有籬笆，誰都可以隨便走進來，吃掉你準備的墨西哥玉米片，將腳放在你漂亮的庭院家具上，還亂丟垃圾！太可惡了，準備一盤豐盛的玉米片拼盤可是需要花很多心思，我才不會隨便和任何人分享。

如果你的界線屬於鬆散型，可能會遇到以下難題：

- 難以拒絕他人
- 容易盲從、隨波逐流
- 經常覺得被占便宜，或像是「受害者」
- 過度分享自己的私事
- 過度介入他人的問題

- 做決定之前，總是先徵求他人的意見
- 人際關係充滿戲劇性
- 為了維持和諧，犧牲自己的身心健康
- 經常感到焦慮和內疚
- 需要每個人都喜歡自己
- 經常出現被動的攻擊行為，而不是直接說出自己的需求或感受
- 忍受不被尊重或虐待

還記得最近在聯誼活動遇到的那位女士嗎？她告訴你她剛做了結腸鏡檢查，並把上一次婚姻諮詢的過程一五一十地告訴你？沒錯，這就是鬆散型界線。

嚴格型界線

當一個人有嚴格型界線時，他們往往會與他人保持距離，以保護自己不受傷害。這就像在你家院子四周築起一堵十英尺高的磚牆，牆頭還加裝鐵絲網，沒有

人能進來。（也沒有誰想進來，因為你就是那個住在堡壘裡的怪鄰居！）

如果你的人際界線非常嚴格，可能會遇到以下情況：

- 很難開口求助
- 不願依賴他人
- 嚴守個人資訊
- 不願意嘗試超出舒適圈的事
- 害怕被拋下或拒絕
- 習慣與他人保持距離
- 避免建立親密關係和身體的親密互動

辦公室裡那個坐在你旁邊三年的同事，除了知道他每天午餐都吃火雞三明治以外，你對他一無所知？他可能就是一個有嚴格界線的人。

健康型界線

最後，來看看擁有健康界線的人。他們知道如何設立界線，優先照顧自己的福祉，而且能根據具體情況靈活調整界線。你可以把健康的界線想像成用漂亮的柵欄把院子圍成一圈，柵門可以根據需要打開或關上。你可以輕鬆地向馬路對面的快遞司機揮個手，或是邀請路過的朋友進來坐坐，但流浪狗和喝醉的大學生就免了。你讓好的東西進來（比如你的玉米片拼盤），壞的東西則擋在外面（例如亂丟垃圾的鄰居）。

如果你擁有健康型界線，可能會有以下這些特徵：

- 會拒絕與你生活優先順序或價值觀不符的要求
- 不會容忍虐待和不尊重
- 堅持得到有尊嚴的對待
- 小心守護自己的時間、精力和資源
- 避免依賴他人的意見來做出重大決定

- 能接受自己不一定總是被喜歡
- 有能力辨識與表達自己的情緒
- 對自己的生活和目標有掌控感
- 對自己的信念、喜好和價值觀充滿自信

你妹妹總是在睡前先告訴你她可以講多久的電話，免得無法充分休息迎接明天？這女孩有很好的人際界線！

確認你的「不在乎預算」與說「不」的藝術

在生活中，我們可以「不在乎」的次數是有限的，對吧？設立健康的界線，你就可以聰明地分配這些寶貴的「不在乎」，因此確認你有多少「不在乎預算」非常重要。暢銷書作家莎拉．奈特（Sarah Knight）在她那場深入淺出的TED演講

〈不在乎的魔力〉（*The Magic of Not Giving a Fuck*）中提到，你的「不在乎」，其實就是你的時間、精力和金錢，[13]你的「不在乎」反映出你真正重視的事物。確認過「不在乎預算」，你才能將精力與資源投入對你有意義的事情上，才能更自在地對那些你不關心的事說「不」，把空間保留給真正重要的事物。

就拿我自己做例子吧，我重視家人和朋友、喜歡下廚、閱讀、寫作，還有——一定要睡得飽。我對足球完全不感興趣，不喜歡待在吵吵鬧鬧的酒吧，也不追隨流行的飲食法。因此，我絕不會把辛辛苦苦賺來的錢拿去買足球比賽的門票，也不會接受需要在破舊酒吧熬夜的邀約（我是不可能犧牲寶貴的睡眠時間！）不過呢，我會答應朋友去咖啡店坐坐，也會買一堆其實用不太到的廚房用具和書籍。

說「不」的美妙之處在於，你根本不必解釋理由！的確，有時我們會感覺到必須為自己辯解的壓力，但其實你完全沒必要為自己的選擇辯護。當然，這不代表你可以肆無忌憚地當壞人。在拒絕他人對你的時間、精力和金錢之請求時，你仍然可以保持禮貌與善意。假設有同事邀請我參加聯誼聚會，但我不想去，只想回家整理儲藏室。（沒錯，每個人對於「有趣」的定義不同！）我只需要對同事說：「謝謝你邀請我，但我無法參加，希望你們玩得開心喔！」朋友啊，你看，「不」這個字其實很有力量。以下是幾種不同的拒絕方式，隨時可以派上用場：

- 「聽起來很有趣，但我已經有其他安排了。」
- 「我這個月手頭不方便，不過謝謝你想到我。」
- 「我真的很想幫忙，可惜手上還有其他事要忙。」
- 「那個時間我不方便，不過我很希望能改天再約。」
- 「我現在不方便講電話。」
- 「不，謝謝。」
- 「我現在沒空，但如果有變動，我會再跟你說。」
- 「我很高興你希望我參加你的婚禮／峇里島的生日派對／拉斯維加斯的畢業旅行，但我恐怕沒那個預算。我們能不能聊聊，有沒有其他方式，可以讓我在你的大日子表達祝福？」
- 「如果我接下這項任務，就沒有時間完成其他專案，你希望我優先處理哪一件？」

何時需要立下界線？

判斷生活中何時需要設立界線，「情緒」就是非常重要的資訊來源。如果你感到心煩、生氣、被利用，或是累到不行，這就是一個訊號：有些事情需要改變了。這一點對富有同情心、樂於助人的人，或是有取悅他人習慣的人特別重要。我希望你願意對他人慷慨，是因為你真心想這樣做，而不是出於義務，或是害怕他人失望。

我的個案瑞秋在大公司擔任顧問，工作表現得很亮眼，雖然還算資淺，近年卻接連升遷了幾次，而且開始管理團隊。她期許自己成為一位優秀的主管，所以避免把自己不願做的工作分配給下屬，也盡力不讓團隊成員承受壓力和加班。我非常欣賞瑞秋這份認真，但這樣做的代價卻不少：她很難拒絕他人的請求，也無法將工作委派出去，並且對任何提出要求的人，都過度慷慨地投入時間與精力。結果呢？無論週末怎麼休息，瑞秋還是覺得疲憊不已，甚至開始有了「星期天恐懼症」，也就是每到週末尾聲，恐懼感就開始悄悄在心頭蔓延。而當下屬需要她的關切時，她也變得越加暴躁和反感。

我們聊過之後，瑞秋開始意識到，她需要更努力守護自己的時間和精力。接著，她學著將電子信箱的訊息狀態設成「離開」，讓同事知道她正在處理一個需要全神貫注的案子。她也開始將工作分派給團隊成員，並且在答應他人的要求與開會前，先停下來思考一下。最後，她不再感覺壓力那麼沉重了，又重新燃起指導年輕同事的熱情。到了星期天晚上，她也不再焦慮難安了。

設立界線的難處

你怕惹別人生氣

假設你終於下定決心要在生活中設定人際界線了，你思考了一下，決定今年不再準備三十人份的感恩節大餐。家族中你廚藝最好沒錯，但今年你工作很忙，而且懷孕八個月，實在不能擔任主廚這個角色。所以你把這個界線告訴家人：「嘿，各位，今年感恩節我不煮了，我們討論一下其他方案，請大家各帶一道菜來好嗎？」如果你的家庭像《脫線家族》（*The Brady Bunch*）那樣和樂融融，大家會親切地對你說：「完全可以理解，謝謝你有勇氣說出來。」然而，如果你不是活在理想化的七〇年代情境喜劇中，你家老奶奶可能一把揪住她的珍珠項鍊，哭得唏哩花啦，說家庭的傳統沒了，還逼問你為什麼不再愛她了。這就是設立人際界線往往說來容易做起來卻很難的原因之一：你可能讓人不開心。當你開始設立界線，調整和家人朋友相處的方式時，他們會覺得不太習慣，畢竟你改變了「遊戲規則」，這也可能讓你感到愧疚，而對方覺得難過或沮喪。於是你開始懷疑，把自己擺在第一位，是不是太自私了？

還記得我的內在批評者尼爾森嗎？在我還不懂界線到底是什麼以前，只要在不知不覺中準備設下界線時，尼爾森就會跳出來。我們的對話通常是這樣的：

莉茲：我想拒絕這個邀請，我真的需要補眠，也想要一些獨處的時間。

尼爾森：如果你不去那個生日派對，你朋友會生氣耶！下次就不邀你了，最後你會成為社交邊緣人！

莉茲：沒那麼誇張吧，雖然我真的不想去……也許還是應該去一下……

尼爾森：她的生日耶！別人的生日派對都不去，不好吧？

莉茲：我可以寄張卡片給她，或傳簡訊祝她生日快樂。

尼爾森：那不一樣！一定要人到才可以！

莉茲：但我跟她根本沒那麼熟，況且地點是在一個又吵又擠的酒吧，對我這種內向的人來說，根本是第七層地獄……

尼爾森：所以呢？你不能讓任何人失望，永遠都不可以。

（結局——我還是去了那場生日派對，花了本來就沒預算的錢請壽星喝酒，隔天累得要命，心裡充滿怨氣，因為我需要一個人靜一靜卻做不到！）

設定界線可能會傷害別人的感情，但這不表示你做錯了什麼，你也不用為別人的情緒負責。不過，在設定人際界線時，也是可以體貼一點，用詞溫和一些，然後從小小的改變開始。

我的個案安東尼，來自一個希臘大家庭，家庭成員期望他出席每一次的家庭聚會。安東尼年輕時，大部分的親戚住得很近，每次家庭活動都參加，對他來說不成問題。但是，慢慢地，全員到齊這件事變得越來越不容易。年輕的一輩逐漸長大，有了自己的家庭，遷移至全美各地，為了參加家庭活動，每個月都得開數小時的車在車陣中穿梭，光想壓力就很大。安東尼慢慢發現，家庭聚會對他來說不再是開心的事，反而讓他壓力很大，根本不可能真心期待見到大家。於是，他開始拒絕參加時間無法配合的活動。

安東尼知道，這個決定會讓他媽媽失望和傷心。（果不其然，她說他「不在乎家人」。）但安東尼明白，媽媽的反應不是他能控制的，他不能為了維持母子的和諧關係，犧牲了自己的心理健康。他非常關心家人，也樂意偶爾相聚，但他更重視利用週末紓解忙碌的工作壓力這件事，也希望多花點時間經營剛展開的新戀情。當安東尼下定決心後，和媽媽講話時，常常覺得自己像壞掉的錄音機，一直重複自己的立場。他不厭其煩地跟媽媽說，他真的很重視家人，也明白她會失望，但他還是沒辦法每次都出席。雖然媽媽還是不太開心，不過安東尼自己覺得心裡輕鬆多了，壓力也小很多，比較能掌控自己的時間。

開啟困難的對話讓人不舒服

我年輕的時候，有一大半壓力都是因為害怕開口。怕讓別人失望，怕被別人認為我不「友善」，甚至怕被認為沒用或幼稚。但現在我明白了，逃避這些對話所造成的壓力，比說出自己想法的短暫不適還要難受。

我的個案也常因為要開口說出真心話而感到掙扎。像是麥肯茲，她訂婚時，不想辦什麼華麗的新娘派對。她個性低調內向，也根本不需要任何派不上用場的家居品。她說：「我已經有可靠的烤麵包機和果汁機，謝謝。」她試圖用她那溫文儒雅的南方人語氣，告訴未來的婆婆，她不用辦派對，那些預算不如用在婚禮上，甚至救助小狗、對抗氣候變化，或者幫助弱勢兒童都好。但她未來的婆婆，一派紐約人作風，毫不妥協，也聽不懂她的微妙暗示，堅持就是要來場盛大的派對。麥肯茲知道，這個派對對婆婆很重要，也就順水推舟舉辦了。為了和諧，她犧牲了自己的心理健康。

麥肯茲的婆婆選在一間氣派的餐廳辦了盛大的午宴。在眾目睽睽下，麥肯茲拆了幾個小時的禮物。她婆婆還在她身後掛出一條晾衣繩，開始朗讀自創的詩歌

（也可能是從網路某個已經無人聞問的婚禮部落格挖出來的內容），詩中描述了麥肯茲婚後穿著的內衣，祝福她婚後性生活美滿。每朗讀一段，她婆婆就會掛上一件性感內衣——當著整間餐廳的賓客和所有麥肯茲未來的親戚面前。麥肯茲羞愧難當，事後她對我說：「我簡直是墜入了內向者的地獄。」

這印證了布芮尼．布朗說過的一句話：「清楚就是善良，不清楚就是不善良。」[14]為了避免不舒服，我們經常含糊其辭，不向對方直接坦白，卻反而造成日後更多的麻煩。如果麥肯茲一開始多一點堅定，明確表達不想舉辦派對的意願，或許就可避免成為派對焦點的尷尬，也不會因此對婆婆產生怨恨和無奈。如今，麥肯茲不只可以笑著回憶這場由新娘派對變為驚喜內衣派對的惡夢，也學到一件很重要的事：為了保護內心的平靜，再不容易說出口的話，她也可以說。麥肯茲會告訴年輕的自己，她有力量堅持自己的立場。就像麥肯茲一樣，重要的是去意識到，即使感覺不自在，你也可以坦率表達，堅持自己的界線。很多時候，你甚至得像壞掉的錄音機，不斷重申你的底線，才能讓對方明白你是認真的。進行困難的對話可能會讓你一時感到不舒服，但從長遠的角度來看，說出口可以避免惡意和被動攻擊的行為。只要願意面對、放下自我，並且撐過讓人不舒服的對話，你就有機會在解決問題的同時，保有對自己和對方的尊重。

你總是討好他人

如果你老是想討人喜歡，那麼設定人際界線也會變得很困難。取悅他人者的界線，通常屬於寬鬆型，他們希望別人開心，但往往因此犧牲了自己的情緒；他們極力避免衝突，所以會不惜一切代價防止別人對他們生氣。這種人經常覺得時間不屬於自己，因為他們基於義務答應了許多請求，占去了處理自己重要事情的時間與精力。

討好行為背後有很多原因。有些人希望透過幫助他人來找到自我價值，有些人渴望每個人都喜歡自己，也有些人內化了「善良和慷慨等於順從他人」的觀點。甚至有些總是想討人喜歡的人，可能出身於混亂或有虐待行為的家庭，在那樣的環境中，順從是生存的必要手段。在童年時期，他們可能別無選擇，只能透過順從減少遭受虐待的風險；或者為了應付父母的毒癮或其他難題，而選擇乖乖聽話。

如果你就是一個討好他人的人，可能會察覺自己總是把「對不起」三個字掛在嘴邊，甚至會為了自己的存在而道歉。我在華盛頓特區上即興戲劇課程時，同組的維克多發現我老是在道歉；而我會下意識說對不起，居然只是因為我有自己的看法和意見。於是，他對我說：「莉茲，把你的對不起裝進麻布袋裡！」我這才意識到，我根本沒必要因為參與談話而道歉。現在的我，只有在真心感到懊悔時才說對不起，不會因為緊張而亂道歉。所以，如果你也是常常為了芝麻小事說「對不起」的人，快把你的「對不起」裝進麻布袋裡！

如果你需要有人提醒，這裡還有一些你不必感到抱歉的事：

- 對自己、自身專業及能力感到自信
- 因為感覺到不安全或不舒服而離開某個環境
- 擁有某種體型或外貌
- 要求他人對自己的行為負責
- 感受自己的情緒
- 希望占有一席之地

- 設下健康的界線或說「不」
- 花時間好好休息或充電
- 堅持自己的信念
- 追尋自己的夢想

「共依附關係」的難題

在電影《征服情海》中，湯姆．克魯斯（Tom Cruise）所飾演的角色有一幕總是讓我覺得不舒服，就是他熱情地宣告：「你使我完整！」我好想對他大喊：「不，老兄！你本來就是完整的！你不需要另一個人來成全你！」如同許多浪漫喜劇的橋段，這句話其實是「共依附關係」的典型表現。

當你的自我價值和自尊綁定在另一個人身上，你就進入了共依附關係。在這樣的關係中，你的情緒、幸福感和做決定的能力，都圍繞著另一個人打轉。對方的需求或這段關係，都變得比你自己的需求更重要，因而讓你很難設定界線。「我不能沒有你」或「你是我的全部」是共依附關係中常見的語言。如果你有以下這些情況，那你可能正處於共依附的關係中：

- 做任何決定或計畫之前，都必須先徵得對方的同意
- 想與這個人共度所有的時光，因為一分開就會感到不安
- 把對方的意見看得比自己的還重要
- 只能從這段關係中獲得生活的意義
- 少了這段關係，就不知道自己是誰
- 容易被對方的情緒牽著走
- 覺得付出是義務，可以為對方犧牲自己的幸福
- 覺得自己要為對方的情緒負責，並且有義務解決他們的問題

不意外地，討好型人格容易陷入共依附的陷阱，不管對象是父母、伴侶還是室友。拿我的個案大衛來說吧，他個性外向開朗，非常重視人際關係。在疫情初期，他非常慶幸自己能與室友喬許一塊隔離，待在家中工作，他認為喬許是自己最好的朋友。但是，開始解封後，大衛發現自己的生活已經與喬許綁在一起。當

喬許和其他朋友出門玩，他會覺得失落；喬許出差時，他開始擔心；甚至在做決定時——例如該加入哪支運動隊伍——如果沒有喬許的意見，他就難以定奪。在諮商過程中，大衛逐漸意識到，他與喬許的互動已經變成了共依附關係。於是他開始劃出界線，練習在維繫友誼的同時，也繼續探索自己的身分和興趣。經過一段時間的努力，他不再單方面在情感上依賴喬許，兩人的關係轉為「互相依賴」（Interdependence）。

互相依賴關係的特點，在於保有各自的獨立身分，也就是享受與對方相處的時光，但你仍舊有自己的思想、情感和信念，也能夠自在地獨自參與活動。這種關係有健康的界線、清楚的溝通，而且彼此尊重。共依附的關係像是兩人合為一體；互相依賴的關係，兩人則像是隊友。

要建立更健康的互相依賴關係，各自結交朋友和培養興趣是一個好方法。如果你喜歡某部Netflix影集，但另一半完全看不下去，那也無妨！你可以自己安排時間獨自觀賞。如果你熱愛實境節目《英國烘焙大賽》，可以邀一群同樣喜愛的朋友一起來觀賞。你可以與伴侶或好朋友聊聊，確保你們能在共處和獨立之間取得平衡。

理直氣和的健康溝通原則

談到設界線，就不能不提到溝通。當你意識到自己需要一條界線時，就必須與他人溝通，才能守住這個界線。而溝通時，可別因為知道自己的渴望和需求與他人的同樣重要，就擺出一副「理直氣壯」的態度。真正的健康溝通，是「理直」但「氣和」，也就是以一種立場堅定但尊重他人的方式爭取自己的權益，確保自己的願望和需求得到滿足。

這也剛好對比了另外三種不太健康的溝通方式：「被動型溝通」（你沒有堅持自己的立場）、「攻擊型溝通」（你表現得過於強勢或敵對）、「被動攻擊型溝通」（你表面上顯得被動，但以間接的方式表達敵意）。

我們來看看這四種溝通風格的主要差別：

- 被動型溝通：我的需求不重要，你的需求很重要（我輸，你贏）
- 攻擊型溝通：我的需求很重要，你的需求不重要（你輸，我贏）

- 被動攻擊型溝通：我受傷了，或是我的需求沒有被滿足，但我選擇不公開表達情緒和感受，而是間接表達不滿（我輸，你也輸）
- 理直氣和型溝通：我的需求重要，你的需求也重要，雙方的感受都是合理的，我們找出平衡點（我贏，你也贏）

舉個例子吧！室友經常沒問一聲，就把你的精品有機咖啡豆煮光了，害你急需咖啡因提神時沒得喝。被動型溝通是什麼都不做，悶著頭喝辦公室的劣質咖啡；攻擊型溝通是直接與室友大吵一架，以後都把咖啡豆藏起來；被動攻擊型溝通則是偷偷吃掉室友的高級零食；理直氣和型溝通呢？你會找室友談談，語氣堅定但保持尊重，一起討論如何分享雜貨食材。

要練習這種自信又不具攻擊性的溝通方式，記得多多使用「我」開頭的陳述來描述問題。「我——」這個句型的重點，是你對於情況的顧慮和感受，而不是把你的感受歸咎到對方身上。如果你不希望對方馬上切換成防禦模式、封閉自己，那麼最有效的溝通是，描述對方的行為對你造成的影響，並說明你希望日後有什麼改變。

我的個案露易莎成長在一個非常追求節食文化的家庭，她曾經告訴我，念高中時，她和媽媽會一起計算卡路里、寫飲食日記。如今，返家探親時，她的媽媽仍會對她的體型和體重發表意見。在諮商過程中，我陪著露易莎一起努力，讓她學習接納自己的身體。她發現，媽媽的評論對她根本一點幫助也沒有，反而會觸發她內心深處的自卑感。於是她做了決定：不再忍受任何有關她外表和身材的話題，也不再接受他人對她的飲食或食量的評語。

去年感恩節，露易莎回家過節，果不其然，媽媽又開口了：「看來你胖了，也許我們不該吃早餐，來去動一動吧。」這次，露易莎做好回應的準備。她對媽媽的關心表達感謝，但她也提到，她不想再討論體重或身材：「我知道你是好心想幫忙，但你對於我身體的評論讓我感到不舒服。我最近一直在努力接受自己的外表，所以從現在開始，請不要再評論我的體態或體型了。」說完，她巧妙地把話題帶到她們最愛的實境節目《紐約億萬房產》（*Million Dollar Listing New York*），聊起了天價豪宅，順利轉移談話焦點。雖然露易莎的媽媽有時還是會不自覺地回到老習慣，但露易莎已經能夠很自在地回應「我不想談我的體重」，或「我們來聊點比減肥更有趣的事吧」。如果媽媽還繼續在這個話題上，露易莎就會表示，不停止評論的話，她會離開房間或去外面走走。

假使你清楚地劃了一條界線，對方卻持續越界，那麼就輪到你來決定後果。你可以再一次強化界線，但如果不受歡迎的行為持續發生，你可以利用這些資訊評估是否要繼續維持這段關係。

科技與社交媒體的界線

網路社群確實是對抗孤單的好方法。然而，並非每個網路空間對情感或心理都是安全的。別忘了，社交媒體和智慧型手機的各種APP，本來就是設計來讓人上癮的。它們背後的工程師很清楚，他們的產品要能創造利潤，才能取得投資者的資金。為此，他們會特意設計出沉迷的陷阱，讓你花大把時間在上面，連最有自制力的人，也常常一打開TikTok或Instagram，以為「只滑幾分鐘」，結果一晃眼就過了一個半小時，回過神時，完全不知道那段時間到底哪裡去了。前幾天，我花了四十五分鐘研究倉鼠和沙鼠的棲息地，抬頭才驚覺，我根本沒打算再養寵物啊！如果你沉迷於手機，這不代表你有問題或意志力不足，因為這就是這些ＡＰＰ的設計目的！

在社交媒體上獲得「讚」會讓人感覺得到了肯定，尤其當一個人感到孤獨或被排斥的時候。人人都想得到他人的認可和接受，而在社交媒體上獲得關注，恰好可以滿足這種願望。問題是，線上的互動無法取代現實生活中的人際關係。花太多時間看社群媒體，也會讓人不知不覺拿自己與別人比較，看到別人展示的精彩瞬間和精心策劃（甚至修飾過！）的照片，還會開始懷疑自己的生活是不是活得不夠精彩。結果，你開始花更少的時間好好享受當下，反而一直在想：這張照片夠不夠美、夠不夠引人注意？這段影片能不能放在社群上？

像我去年帶孩子去蘋果園，天氣超好，我們餵了山羊、喝了蘋果汁，還買了一堆南瓜等農產品。我還記得，當時看到一位穿搭非常完美的女生在蘋果樹旁狂擺姿勢，讓朋友幫她拍照。我猜她可能是網紅或想當網紅吧，我不禁懷疑她到底是真的很享受果園之旅，還是更關心這些照片上傳後的反應。我不是反對當網紅或在網路上分享照片（我自己也會在頭髮很好看的時候想來張自拍照），但我常常擔心我們會忘記好好活在當下。

撇開社交媒體不談，科技還有其他的問題。首先，數位裝置太容易成為逃避情緒的分心管道。當我們感到壓力、憂慮、挫折、無聊和累到不行時，滑手機變成一種快速麻醉自己、逃避現實的簡單方式。又比如處於陌生的環境，在牙醫診所候診、搭公車，手機提供了短暫的娛樂。然而，這不是真正的休息或放鬆。其次，我們越來越依賴手機處理工作和生活大小事，導致好像無法真正下班，經常忍不住在下班時間查看工作訊息，怕自己沒跟上工作任務的進度。手機中的健身APP、待辦清單、訊息通知、目標追蹤器和購物網站，也巧妙地迫使我們不斷做更多的事。

既然科技令人著迷，那麼就需要設下使用科技的界線，才能避免上癮。你可以考慮以下的設限方法：

- 睡前把手機留在臥室外面充電，改用傳統鬧鐘叫醒自己
- 工作時間裡，把手機放在另一個房間（我的個案甚至在白天將手機鎖進信箱裡！）

● 利用特定APP和功能設定時間限制
● 需要休息或專注時，開啟「勿擾模式」
● 提醒自己：你不需要立即回覆簡訊或其他訊息
● 取消追蹤讓你感覺不好的帳號或群組
● 上班時間只處理與公事有關的郵件和事務
● 隱藏或刪除主螢幕上的APP
● 有意識地使用手機，像是從Pinterest找到靈感，就真的去做（例如，不要只是給那碗照燒雞肉丼按「讚」，實際動手做吧！）
● 在網路上也要親切有禮，用你希望別人對待你的方式對待他人

最後，當社會或國家發生令人震驚的新聞或創傷事件後，記得幫自己設定「媒體消費」（Media Consumption）的界線。我們都希望掌握地方和全球的變化，但保持資訊暢通未必得無止境地滑手機，或看數小時的悲慘新聞報導。找幾個你信任的新聞來源，限制每天追蹤大事的時間。創傷事件發生後，請務必留意社交媒體的使用，避免接觸過度渲染的資訊、極端言論，或被驚悚的圖片給嚇到。

面對情緒垃圾

在我的諮商經驗中，當聊到設立界線的概念時，「如何面對被朋友或家人當成情緒垃圾桶」是大家最常提到的困擾之一。當一個人想與你談論他們的問題，卻沒有考慮你的情緒狀態、時間是否允許進行這樣的對話，你就是被當成了情緒垃圾桶。他們就像一張壞掉的唱片，常常繞著同一個問題打轉，通常對解決辦法沒有興趣，也不是真心想徵詢你的建議，這讓你感到壓力與挫折，甚至心生反感。反過來，有時候我們自己也會不自覺把情緒全倒給別人。

「傾倒情緒垃圾」與「抒發情緒」是兩回事。抒發情緒是把心中的不快說出來，而發洩的一方通常會在談論自己的問題之前徵得對方的同意。他們不期望對方解決自己的問題，也不一定要幫忙，他們也不會繞圈子或壟斷對話，反而樂於接受回饋，甚至互相討論。傾倒情緒垃圾就不同了，通常沒有徵求同意，常常讓人感覺自己好像有責任讓他心情變好，聽的人覺得壓力大，卻又幫不上忙。

我的個案艾莉總感覺與她的大學好友塔拉相處很累。畢業後，她們都搬到華盛頓特區，艾莉其實很珍惜她與塔拉的許多回憶，像是住在同一間宿舍、一起出國當交換學生，還一塊經歷了在美國首府當職場新人的時光。但問題是，這段友誼開始變得越來越單向，每當艾莉和塔拉見面，無論是下班後去喝一杯，還是吃飯敘舊，塔拉總是整晚都在抱怨工作壓力。剛開始，艾莉還很高興能在朋友低潮時支持她，但慢慢地這些負能量轟炸讓她覺得很疲憊。更別說，艾莉自己也面臨著感情、新工作和財務管理上的種種壓力。

和我討論設立界線的概念後，艾莉決定做出一些改變。如果某週她正好壓力特別大或忙到不行，而塔拉又約見面，她會婉拒邀請。另外，在通話或傳簡訊時，一開頭就要讓塔拉知道自己有多少時間能聊，比如「我等等要去健身房，只能聊到傍晚六點」這樣的說法。見面時，艾莉也會主動表達自己想分享生活的願望，像是問塔拉：「嘿，你講完你這週的事情後，我可以聊聊我最近的約會嗎？」於是，她們之間的對話變得更平衡，艾莉對於再次見到塔拉又有了期待。

與傾倒情緒垃圾相近的概念是「傾倒創傷」（Trauma Dumping）。你可能聽過甚至親身遇過，當某人突然一股腦兒告訴你他的創傷經驗時，卻沒有考慮你是否準備好接收這些沉重的內容，這就是傾倒創傷。這種情形會讓人感到措手不及，不知如何回應、理解所聽到的內容或者停止對話，於是感到困惑、不安、焦慮或心很累。以下是幾個傾倒創傷的常見特徵：

- 突然或出其不意地透露沉重的內容
- 對剛認識的人透露創傷經歷
- 反覆討論同一件事
- 描述創傷細節過於生動
- 無意間頻繁提及過去的創傷
- 在網路公開分享重度情緒的內容，未考慮他人是否能夠承受

傾倒創傷可能發生在朋友和家人之間，也可能發生在完全陌生的人身上。有一次，我在酒吧和一對剛認識的夫妻閒聊，他們居然分享他們被持槍綁架的故事。我很感激他們願意對我敞開心房，但就算我是心理師，在職業生涯中聽過各種創傷故事，當下還是會猶豫該如何回應，才不會顯得冷漠。尤其當時我們坐在一間昏暗、破舊的酒吧，背景中還有一位長得像搞怪歌手「怪人奧爾」揚科維奇

（Weird Al Yankovic）的人在唱卡拉ＯＫ。

如果你有朋友或家人經常對你傾倒情緒垃圾或創傷，你可以採取幾個方式保護自己的精神和情感能量：

- 提醒自己，你沒有責任要解決朋友的問題，也不用對他們的幸福或心理健康負責。
- 劃出自己的界線，你可以向對方說：「聽起來這個問題困擾你一陣子了，有沒有考慮過找專業的人談談，像是諮商心理師或心理健康專家，可能會有更多幫助？」這句話完全沒有問題，如果你願意，甚至可以幫忙查詢心理健康資源。
- 設定對話的界線，直接跟朋友或家人說明你能投入的時間，比如「我現在只能聊十五分鐘」，或是「我要到週末才有空聊」。你不是二十四小時待命的情緒客服。

但如果你發現自己是一直在傾倒情緒垃圾或創傷的那個人，首先，請為自己能意識到這點拍拍手。接著，用一些時間想一想可能對你有幫助的事情，比如找一位心理師聊聊、加強自我照顧、寫日記排解情緒，或是創作藝術。如果你打算在網路上分享敏感的內容，請仔細考慮你是否真的準備好讓每個人都知道你的故事。如果你身心狀況穩定，公開自己脆弱的一面具有啟發意義，也讓其他人知道他們並非獨自面對挑戰，那倒也無妨。但在公開之前，請確定你可以接受會計部的賴瑞和二年級的導師知道你這些非常私人的內容。

最重要的一點是，在開始談論你的壓力和問題之前，先徵求你所愛之人的同意，像是開口問：「嘿，你有幾分鐘的時間聽我談談我的感情煩惱嗎？不方便也沒關係。」

（現在，請容我失陪一下，我要打電話給我媽，為我在二十多歲時對她狂倒所有情緒垃圾而道歉。媽，對不起！）

思考×行動小練習

1 回想一下，最近一次你覺得生氣、煩躁或壓力很大的時候，界線（或缺乏界線）在當時的情況發揮了什麼作用？

2 這週，你可以為自己設什麼健康的界線？

3 想想那些你很難開口說「不」，或是不假思索就答應他人的情景。下次遇到類似情況，你會有什麼不同的做法呢？

Chapter 6

找到生命中值得信任的人

很多人想和你一起坐豪華轎車，

但你真正需要的，

是那個在豪華轎車拋錨時願意陪你搭公車的人。

——歐普拉．溫弗瑞（Oprah Winfrey）

現實生活中，健康的關係是什麼模樣？

人和人之間本來就需要彼此，誰都渴望連結與歸屬感，但不是每段人際關係都值得珍惜。有的關係讓你成長、帶給你能量，有的關係則拖累你、消耗你的心力，甚至阻礙你發揮潛力。健康的關係對身心健康非常重要，所以要把時間和心力花在哪些人身上，一定要好好想清楚。

建立一段健康的關係未必容易，尤其是當你在成長過程中沒有接觸到正向溝通和親密互動的榜樣時。有時，我們對某人動心了，或是陶醉在新戀情中，就可能忘了好好去思考這段關係到底健不健康。一段健康的關係，應該包含信任、合作、支持、誠實、安全感和責任，還有最基本的——互相尊重。健康的關係還有以下特徵：

- 喜歡對方的陪伴
- 良好的溝通

- 有被接納的感覺，由此建立信任和歸屬感
- 尊重彼此的界線
- 對彼此有切實的期待
- 有同樣的價值觀和優先順序
- 解決衝突時，不會謾罵、冷戰，更不會虐待或動手
- 彼此分享對未來的期待和夢想
- 一起做財務決定
- 共同分擔育兒責任
- 支持彼此的目標和抱負

當然，就算是再棒的關係，遇到買房、生孩子、失業或轉職這種人生大事，也可能讓關係開始偏離正軌。關係需要花心思經營，但有時我們根本不知道該從哪裡開始（或是如何從中斷的地方重新接上）。這一章將教你一些基本技巧，幫你建立、維持健康的關係，包括怎麼結識朋友、分辨人際關係中的警訊、擺脫不健康的依附、保持戀愛感，以及怎麼道歉才能有效又有誠意。

和陌生人聊天

小時候，身邊的大人可能會告訴你：「不要跟陌生人講話！」但長大後我們才發現，和陌生人交談是拓展人際圈和建立社群感的重要方式。只是這時候，交朋友這件事反而變得沒那麼簡單了。工作、家庭和生活讓我們忙得團團轉，大多數人哪還有時間每週花個二十小時來發展豐富的社交生活呢？

況且，我們也不像兒時那樣有許多自然的交友機會。以前在學校、打球或參加夏令營時，身邊一堆潛在的玩伴，通常只要穿過操場，問另一個小孩：「你喜歡邋鞦韆嗎？我也喜歡！」這就交到了一個朋友。到了成人階段，這些自然的機會逐漸減少了，更別提這幾年越來越多人居家工作，聯絡也大多靠社群媒體，許多人面對面說話反而會尷尬，或感到社交焦慮。我還記得疫情解封後第一次參加戶外烤肉聚會的情景，感覺好像回到中學舞會，超、級、尷、尬。當然啦，尼爾森也沒有放過我：

莉茲：我應該過去和鄰居聊幾句。

尼爾森：你到底能聊什麼？你這幾個月來不就是一直在工作、摺衣服，還有做花生醬三明治給孩子吃嘛！

莉茲：所以呢？她不也是在做一樣的事！

尼爾森：快，想想你看過的影集，這樣起碼還有話題聊。呃，不對，那太無聊了，現在大家都只聊這些。

莉茲：但是我不知道還能聊些什麼！不然，我假裝要去上個廁所好了。

尼爾森：你聽起來會像個傻瓜，像這樣：「我喜歡看電視，你也喜歡看電視嗎？我有時候會吃東西，你也會吃東西？我喜歡喝湯啊。」

莉茲：尼爾森，我沒那麼蠢好嗎？

（結局——我硬著頭皮與鄰居聊天，彷彿我們這幾個月來並沒有各自待在自己小小的避難所裡。）

我沒有做過科學調查，但我相信每個人多少都有社交焦慮的時刻。這個話題在我的諮詢工作中常常出現。慶幸的是，其實你可以打破僵局，主動做點事，開始與他人建立連結。

注意你的內心反應和小劇場

還記得談到大腦如何產生情緒那一章嗎？與新認識的人交談，可能會啟動交感神經系統，讓你整個人焦慮起來，覺得社交根本是不可能的任務。這時，先停一下，深呼吸，把自己拉回當下，使用正向的肯定語句安撫自己，例如：「我可以應付這個挑戰」、「我正在給自己一個建立連結的機會」。

接受自己的羞赧或尷尬

如果你與新朋友交談時忐忑不安，可能會湧現一些複雜的情緒，比如羞赧和尷尬，甚至一些負面的想法，像是「為什麼我不像別人一樣喜歡交朋友？」或「我是哪裡不對勁了？」但其實，你根本沒問題。這個年代，人際互動已經不是最重要的事，有這種感覺的人，絕對不只你一個。你是超級獨特的獨角獸！請勇敢走出去，展現你的厲害！

交朋友也需要練習

我不是叫你跑去不安全或可疑的地方，而是請你挑戰自己，從日常生活中的一些小互動開始。比如到加油站問路，而不是自己摸索；看到穿著很有品味的人，就讚美他們的服裝或鞋子；與服務周到的服務生或咖啡師聊個幾句；或是幫隔壁的老先生老太太提個東西、順便寒暄幾句。經常練習這種簡單的對話，你會對交朋友越來越上手。

找到共同語言

假如有共同的興趣，那麼聊天就會變得容易許多。花點時間想一想，你在哪些地方最能感覺到自己真實的一面？你喜歡漫畫、當代藝術、運動、織毛線還是中東料理？利用這些資訊線索，用心尋找可以讓你認識志同道合者的活動和社群。事前知道你與對方有相似的興趣，會讓你在開始對話時不再那麼膽怯。

稍微不自在也無妨

與人交談時感到不自在，或是互動不如預期順利？那也沒關係。最重要的是你跨出了這一步，你真棒！只要繼續練習，我保證你會覺得一次比一次容易。即使最糟的情況真的發生了，場面真的很尷尬，一天、一星期、一個月或一年之後，你還會在意嗎？

戀愛腦

當你走入人群一段時日後，或許會遇到讓你內心小鹿亂撞的那個人，接著突然就戀愛了。戀愛的感覺非常強烈，這背後有一個生物化學上的原因：當你愛上某人時，大腦會釋放更多的多巴胺，這是與獎勵和愉悅有關的荷爾蒙。身體接觸也會促進催產素分泌，催產素又稱「擁抱荷爾蒙」或「愛的荷爾蒙」，在親密關係和依戀中扮演著重要角色。由於這些生理因素，浪漫的愛情讓人回味無窮、無法自拔。難怪有那麼多電影、歌曲、書籍、詩歌和藝術作品都以愛戀為主題。有些人甚至會說，戀愛很像嗑了古柯鹼，我是沒嗑過，但我猜想就像是華盛頓特區 Ted's Bulletin 餐廳裡的胡蘿蔔蛋糕一樣讓人上癮吧。

由於戀愛容易讓人越陷越深，所以很多人在戀愛關係中經常忽視一個（甚至十個）明顯的紅燈。當你急於維持戀情，就很容易忽略警訊，你會說服自己「他會改」、「情況沒那麼糟糕」等等。買房時，有待翻修的中古屋也許是不錯的選擇，但在愛情和友誼方面，你值得的是一段已經準備好接納你的關係，而不是還要費力修補。

當人際關係亮起紅燈，就是需要停下來，好好評估對方言行跡象的時候。你能不能長期忍受他們的行為？你最了解自己的生活需求，是否繼續這段關係，也只有你能決定。我無法鉅細靡遺列出關係中可能成為紅燈的言行，只舉出幾項常見的行為，如果你無法確定某些行為是否不健康，不妨換個角度想：如果你的好友、你的子女遭遇到這樣的對待，你會作何感想？如果你為他們感到不平、不開心，那就更該反省為什麼自己可以忍受同樣的事。

酗酒或濫用藥物干擾了他們的生活

如果對方正在面對藥物濫用或酗酒的問題，請記住，這不是他們的錯，因為成癮本身是一種會影響大腦的疾病。即使如此，他們仍得為自己的行為負責。就像第一型糖尿病的患者，生病不是他們的錯，但他們仍有責任按時服藥，採取必要的生活管理，以便控制健康狀況。如果你正在與一個濫用藥物的人交往，務必劃定健康的界線。你可以降低與對方聯繫的頻率，甚至暫時不聯絡，直到對方發展出健康的調適策略、生活變得更穩定。如果你身邊有酗酒或藥物濫用的親友，有許多組織可以提供資源，在美國的話，可以接洽Al-Anon、Nar-Anon和物質濫用與心理健康服務管理局（SAMHSA）＊。

有攻擊性或暴力傾向

我的朋友史都華交往過一個叫艾蘭娜的女朋友，起初相處非常愉快，兩人都喜歡漫威電影和搖擺舞。但是幾個月後，艾蘭娜開始變得容易吃醋，當史都華與同事聚會回來後，她會不斷追問他和誰去、和誰聊了什麼，甚至開始咬定史都華愛上了某位同事。史都華是一名稅務律師，對數字和稅法的興趣遠勝過辦公室地下戀情，但不管怎麼解釋，艾蘭娜就是不信。

某個晚上，艾蘭娜又吃醋了，一氣之下，她拿起一片剛送到的披薩朝史都華扔去。史都華很聰明，當場決定結束這段關係。一個以攻擊或暴力行為處理情緒的人，是缺乏同理心的，也缺乏充分的正向宣洩管道去面對生活壓力。與這種人交往，你的安全（以及你所愛之人的安全）恐怕會面臨著危險。想想看，艾蘭娜這次扔的是一片披薩，下一次可能會扔出什麼呢？

＊在臺灣可善用「毒品危害防治中心諮詢專線」：0800-770-885

你們的生活目標或價值觀存在落差

當兩人追求的生活目標或價值觀明顯不同時，想要維持長期而穩定的關係並不容易。比如，一方確定要生孩子，另一方卻完全不考慮當父母；一方喜歡住在城市中，另一方則嚮往在蒙大拿的牧場定居，其他選項一概無法接受。即使彼此都是很好的人，也可能存在著根本性的差異，阻礙了長期關係的經營。如果有些事你真的無法接受，千萬別假裝自己無所謂。兩人不必完全一模一樣，各自保有自己的興趣和喜好非常好，甚至很健康，但在做出長期承諾之前，請務必確定雙方在重大價值觀與生活安排上能達到共識（例如生兒育女、宗教信仰、居住地、消費方式等）。

他們沒有朋友或社交圈

如果除了你，對方幾乎沒什麼朋友或熟人，你就應該進一步了解背後的原因。人類是群居生活的動物，就算是十分內向的人，也需要某種程度的社會互動。如果對方完全不經營人際關係、不跟人往來，也不用心投入個人成長，這樣長期下來可能會出現問題。當他們開始把你當成整個世界，久而久之，你會覺得疲憊、有壓力。在健康的關係中，彼此都需要發展自己的生活與自我，就像前面說過的，我們固然希望雙方擁有共同的優先順序和價值觀，但也應該保有自己的興趣、朋友圈和個人目標。

他們只會搞曖昧

當對方只是偶爾示好，例如突然丟訊息、在社交媒體上私訊你，或偶爾約你出門，但卻沒有持續的行動，那就是在搞曖昧。為什麼前任總是在你走出感情陰霾、生活順利步上軌道時，突然丟一句「最近好嗎？」的訊息？好像第六感超準一樣。但最讓人受不了的是，他們只是試探一下，就讓你始終放不下。有個不變的事實是：如果他們真心想跟你交往，一定會努力安排見面的機會。如果那個人常常讓你失望，又說不出合理的理由，那麼這個人絕對沒有把你放在心上。記住，你值得擁有一個真心對待你的人。如果有人對你忽冷忽熱，請勇敢說清楚、問明白，這樣你才能知道自己該往哪個方向走。如果你聽到議員拜票的次數多過對方關心的頻率，那麼真的要好好思考這段關係值不值得了。

他們表現出有毒的行為：說謊、嫉妒、控制慾和心理操控等

要與一個不斷對你撒謊的人建立真誠關係，不是不可能，但真的很難。健康的關係建立在信任之上，缺乏安全感的人通常會感到嫉妒，他們會質疑你與他人的互動，甚至控制你跟誰見面、穿什麼衣服、花錢方式、社群發文內容，連你吃什麼、做什麼運動、如何打發時間都要管。他們也可能會散播假資訊來操控你，使你質疑自己的現實、記憶和感受，以便在關係中掌控主導地位，這就是所謂的「煤氣燈效應」（Gaslighting）。煤氣燈效應常常讓人感到混亂，最後逐漸失去方向。如果你注意到這類有毒的行為，真的要好好考慮，這段關係是否還值得你投入時間與心力。

他們對其他人不尊重或沒禮貌

如果你正在約會的對象不尊重其他人，或者態度很差，那麼對你可能也好不到哪裡去。請務必仔細觀察他們如何對待他人，尤其是服務業者。當你們在外用餐時，他們對服務生禮貌嗎？他們尊重計程車司機嗎？這就是所謂的「服務生法則」（The Waiter Rule），一個人對待工作人員或服務人員的態度，會反映出他們的真實性格。也可以聽聽約會對象怎麼談論他們周邊的人，在他們的故事中，自己都是受害者、別人都是壞人嗎？還有，如果他們似乎不喜歡與人相處，或是與誰相處都不融洽，你就可能需要想想原因，並問問自己這段關係是否值得繼續。

同樣的道理，如果他們總是貶低前任，說對方超「瘋」，或拒絕談論過去的感情，那麼你就該提高警覺了。這不只反映他們無法為自己過去的關係負責，恐怕也沒有能力成為一個情感成熟的伴侶。

他們缺乏反省的能力，也不願意承擔責任

如果你的伴侶每次爭吵都一定要贏，而不是一起解決問題以維持關係，那麼你將面臨一條既漫長又心累的道路。像我的個案艾希，她遇到了教養難關，讀中

學的大兒子開始表現出不良行為，甚至遭到學校停學。她一直希望與丈夫凱文協調出同一套教養準則，好能配合學校的行為管理建議，但凱文總是做不到。

有個晚上，艾希為了孩子的事快崩潰了，想找凱文好好談一談，結果他在下班後跑去喝酒，趁著歡樂時光的優惠，喝了幾杯酒精濃度很高的調酒，回家時醉醺醺的，兩人因此大吵一架——凱文非常固執，根本談不出什麼共識。隔天，凱文買了艾希最喜歡的紅絲絨小蛋糕回家示好，在接下來的幾週，艾希注意到他確實更用心地管教大兒子，但他始終沒有開口向她道歉，也沒有正視酒精在那場激烈爭執中的角色，更沒有解釋為什麼一開始對新的教養方式如此抗拒。

凱文看來只想要艾希忘記這場爭吵，假裝什麼都沒發生過。艾希覺得自己沒有被理解，情緒也被忽略了，直到她將這些感受告訴凱文後，他才終於開口說對不起。然而，如果凱文願意反省，為自己的行為負責，也願意積極修補彼此之間的裂縫，很多痛苦的情緒其實是可以避免的。在一段健康的關係中，衝突不該是「我對、你錯」，而是「我們一起解決」。如果你的伴侶不願意反省自己的行為，或不想承擔自己在某個情況下的責任，那麼要修補雙方的關係就會非常辛苦。

信任的標準

一段關係就像一棟房子，信任就是建立真誠連結和愛的地基。當你信任一個人，你會在他們身邊感到安全，你會相信他們以你的最佳利益為出發點，不會故意傷害你。比方說，當你分享私密的生活細節時——像是面臨裁員，或是得知父母健康出狀況——你相信他們會把這些資訊放在心中，而不是轉頭就告訴全世界。或者當你傾訴最深刻、最真實的情緒時，你相信他們會尊重你的感受，而不是否定或覺得你的經驗沒什麼。這種信任是靠著日常的小舉動慢慢累積出來的。

但是，怎麼知道目前的約會對象或是在讀書會新交的朋友值得信任呢？我第一次確定可以信任鄰居好友潔西，是一次與鄰居及孩子們一起出遊的週末。那天，我家老么大發脾氣，他想成為找到彩虹球的人，而不知情的我一個不小心就先找到了。不用說，他不只覺得我很壞，還認為我是史上最討人厭的媽媽。

他足足抓狂了四十五分鐘，之後我也跟著崩潰，坐在地上哭了起來。身為心理師的我，照理說應該可以應付各種狀況，沒想到四歲的兒子卻讓我束手無策。

這時，潔西出現了。她告訴我，我做得很好，並表示她知道面對孩子情緒失控有多麼艱辛。那一刻，她的支持——來自一位不做任何批評的家長的同理心——正是我最需要的東西。從那天起，我知道我可以信任潔西，她一定會支持我。

如果你的生活缺乏健康人際關係的榜樣，或是曾經被信任的人辜負過，那麼再次信任別人確實會特別困難。我自己喜歡引用約翰．高特曼（John Gottman）和朱莉．高特曼（Julie Gottman）這對醫師夫妻所提出的信任五大關鍵。他們創立的高特曼研究所，五十年來致力於研究夫婦與家庭關係，在許多領域都有卓越的貢獻。以下是他們提出的「在關係中建立信任的五大關鍵」：[15]

一、誠實：對你撒謊的人，無法信賴。不要為不誠實的人辯解或找藉口。如果有人在交友軟體上自稱三十多歲，而你發現他原來快要過五十歲生日了，你就需要好好想一想，他為什麼沒有坦承告知這項個人資訊，你真的願意繼續與一個帶著假面具接近你的人交往嗎？

二、透明：一個值得信任的人，會讓你了解他的生活、歡迎你走進他的世界。如果你和某人交往了半年，卻還沒見過他的家人、朋友或者同事，那你應該提高警覺了。

三、負責：一個值得信任的人會遵守承諾和諾言。如果他說晚上八點三十分會打電話給你，他一定會打；如果因為突發狀況無法聯絡，比方說在回家的路上車胎爆了，那他也會告訴你真正的原因。

四、道德：價值觀和道德觀不合的人不適合你。問問自己，我欣賞這個人的人品嗎？如果你無法接受他總是想對高速公路上的每位司機比中指，那麼也許他並不適合你。

五、支持的證據：彼此為對方著想、不管大小事你們一定互相支持幫助、你知道朋友或伴侶一定挺你——這都是支持的證據。當你三更半夜打電話求助，你知道他們一定會接起電話。

當你感覺與某人有火花、有緣分時，往往容易衝動地投入一段新關係。但最聰明的做法，是先確定對方是否值得信任。王子和灰姑娘在舞會上跳了幾支舞後就開口求婚了，灰姑娘其實應該說：「王子，我很欣賞你的熱情，但我們先去喝杯咖啡聊聊吧。」灰姑娘得要先知道王子是否會準時赴約、回收寶特瓶，以及對動物是否友善，再來考慮、確認永久的關係。

人類學家暨行為研究專家海倫・費雪博士（Helen Fisher）也建議，至少交往兩年再考慮結婚。[16]熱戀期就像大腦裡面點燃著煙火，或嗑了古柯鹼那樣，只能等強烈的戀愛感覺稍微冷靜以後，才有機會了解這個人怎麼面對節日、季節變化、繁忙的工作壓力等。說不定你會發現你的白馬王子沉迷於賭博，但沒有完全坦白，或者他開口閉口都在對你解釋加密貨幣的事情。放慢腳步、好好約會，是給自己一個機會，看看認識不久的對象是否符合「信任」的要素。隨著彼此投入更多的感情，信任也會一點一滴建立起來，或許不像迪士尼公主電影中的情節那麼感人肺腑，但你正在給愛情一個走得更長遠的機會。

友情也是一樣的道理。你可能剛認識一個人，覺得兩人一拍即合，心想：「就是他，我夢寐以求的知己！」哇，這段新展開的友誼實在太棒了。但別忘了，你需要時間才能真正了解對方的品格與是否值得信賴，在你確定之前，別太快吐露任何重要的祕密，或把公寓鑰匙交給他們，好嗎？

四種依附風格

依附風格會影響一個人在關係中與他人的互動，而這種風格的形成，與成長過程中與主要照顧者的經驗息息相關。理想情況下，父母或主要照顧者應該提供穩定的情感需求、理解孩子的需求，孩子才會認為世界基本上是安全的、一般人是可以信任的；日後，他才能安心地走出去自由探索世界，因為他知道遇到任何挫折，都有一個可靠的人會接住他。

反過來，如果在成長過程中，父母或主要照顧者無法提供情感支持，對孩子的需求漠不關心，甚至加諸心理或身體虐待，那麼孩子對世界和人際關係的基本看法就可能變得扭曲，自幼就覺得世界不安全、不可靠，沒有人可以真心信任。這種信念往往會伴隨一個人進入成年，造成人際關係的困難。

一般來說，根據這些童年經驗，我們會逐漸發展出四種依附風格中的一種：安全型、焦慮型、回避型或混亂型。其中，安全型依附是最健康的依附形式，焦慮型、回避型和混亂型則是不良的依附形式。

安全型依附

屬於安全型依附風格的人，能在保持獨立自主的同時，與他人建立良好的關係。當孩子在一個安全的環境中成長、探索世界時，就能形成這種依附風格。成年後，安全型依附風格的人能夠表達自己的需求，也有修補關係的能力，不只可以關心伴侶的感受，也懂得自我安撫、調節情緒。

在影集《我們的辦公室》（*The Office*）中，吉姆和潘姆就是安全型依附的經典代表。像任何關係一樣，他們有甜蜜的時刻，也有爭執的日子，但隨著時間慢慢累積出情感，同時各自繼續追求自己的興趣。潘姆喜歡繪畫、參與藝術活動；吉姆則喜歡開玩笑，例如把同事的釘書機藏在果凍裡。除了這段關係以外，他們各自擁有自己的交友圈，最重要的是，他們彼此信任、互相照顧。

焦慮型依附

當一個孩子在成長過程中，父母或照顧者對他的需求反應不一，發出混亂的訊號，前一秒還對他寵愛有加，下一秒卻變得非常冷淡，那麼他很可能會發展出焦慮型依附風格。成年後，焦慮型依附風格的人會渴望親密關係，但又害怕被拋棄，因此不時監視著關係中的另一方，任何感受到的疏離信號都會引發焦慮。他們一來極度擔心被背叛，二來覺得沒有能力照顧自己，因此經常尋求對方對於愛情和承諾的保證。一旦失去了安全感，他們往往會出現偏激的行為，例如狂打電話、猛傳訊息、亂送禮物，甚至其他更加誇張的舉動。

兒童節目《大青蛙劇場》（*The Muppet Show*）中有一個「豬小姐」，我總覺得她就是一個典型的焦慮型依附例子。她非常在意「科米蛙」，不斷吸引他的注意，想要確認兩人關係沒有問題。她的占有慾也非常強烈，甚至會使用空手道，嚇走任何威脅到她和科米蛙關係的人。我敢保證，如果豬小姐有手機，一定會瘋狂傳訊息給科米蛙，還會在TikTok上發影片，內容是她和心愛的科米蛙穿著粉紅色亮片羽毛裝，跳著精心編排的舞蹈。

回避型依附

回避型依附的特徵是害怕親密關係。一個人在成長過程中，父母或主要照顧者對他們冷淡、情感疏離，就可能會發展出這種依附風格。這類型的人通常很重視自己的獨立，不太喜歡向他人尋求支持，因為他們預設別人終究會令他們失望。他們往往也與自己的情感脫節，不願意為關係做出妥協，可能會說「我覺得我們發展太快了」或「除了自己，誰都靠不住」這類的話。

我因為家中有兩個幼兒，這些年常常看兒童節目《芝麻街》。裡面那個老是坐在垃圾桶裡發牢騷的奧斯卡，就是回避型依附的典型人物。他很少接受幫助，也不想與鄰居互動。另一個典型的回避型依附角色，是影集《慾望城市》中的莎曼莎．瓊斯，她個性非常獨立、事業有成，但很難展現自己的脆弱，也不能接受伴侶的支持，因此在愛情中很難建立情感層面的深度連結。

混亂型依附

當孩子在充滿敵意、混亂，甚至有虐待情況的環境中成長時，可能會發展出混亂型依附風格。他們在成長過程中常常從主要照顧者那裡接收到矛盾的訊息，一下給予關愛和安慰，一下又表現出嚴厲和嘲諷。這種混淆的情況，讓他們對親密關係既渴望又恐懼。長大後，混亂型依附風格的人，他們的人際關係混亂又不穩定。他們渴望與人親近，但無法信任他人，因此當親密關係讓他們感到壓力時，他們就會把對方往外推。此外，他們對獨處會感到強烈的不安，也容易陷入不健康的關係中。

影集《瘋狂前女友》中的蕾貝卡·邦奇就是典型的混亂型依附。她往往一股腦兒迅速投入友誼和愛情，甚至為了追愛，衝動辭掉紐約的工作，搬到加州西柯汶納。她一方面害怕戀情結束，另一方面又以極端行為把人推開。

如何發展安全型依附

如果你發現自己目前的依附風格不那麼健康，請放心，還有得救！透過覺察、反省與練習正念，你可以慢慢建立更健康的人際關係。首先，認識不同的依附風格，找出自己的傾向，你就可以開始以不同的方式處理人際關係。其次，寫日記、進行心理諮商討論人際關係，也能幫助你培養更深的洞察力。另外，也可以練習正向的自我對話來肯定自己，減少對他人承諾的依賴。在前幾章中，我們討論過的正念練習和情緒調節技巧，都能幫助你接受並處理強烈的負面情緒，降低反應，讓大腦清晰思考。

當我開始與個案拉莉莎合作時，她展現出十足的焦慮型依附風格。只要男朋友沒立刻回覆訊息，她就會開始焦慮、想東想西，比如「他一定是和別人出去了」或「他根本不在乎我吧」，於是忍不住一直聯絡對方，想要立刻確認兩人關係沒問題。可想而知，她交往過的對象老是覺得她「太黏人」。在諮商中，拉莉莎慢慢學習調整自己的負面想法，練習正念呼吸，並在男友外出找朋友時，安排有趣的活動來分散注意力，減少整個晚上不停聯絡男友的衝動。

愛的語言

蓋瑞．巧門（Gary Chapman）提出了五種「愛的語言」，用來描述人們表達和接收關愛的方式。當你了解自己的愛的語言，就能更清楚地向生命中的重要之人傳達你想被愛的方式；同時，也能以最適合他們的方式表達你的愛意，進一步支持他們。了解愛的語言，除了幫助你在關係中抱持切實的期望，當伴侶用心滿足你的需求和渴望時，你也會更加感激。

一、服務的行動：如果你的愛的語言是「服務的行動」，你會特別感激對方的實際行為，尤其是那些讓你生活變得更輕鬆的事，比如加油、報稅、跑腿、處理麻煩的事務。以人人都愛的墨西哥玉米餅當例子吧！主動幫伴侶去街角的玉米餅店外帶，就是服務的行動。

二、肯定的語言：重視言語肯定的人，非常喜歡他人表達善意的想法（例如「我喜歡和你在一起」）、讚美（例如「你是個很有趣的人」），或單純一句「我愛你」。寫字條或寫信，也是一種透過言語表達肯定的方式。回到玉米餅的例子，你可以跟對方說：「你幫我去買玉米餅，還確認他們沒有忘了加辣味莎莎醬，你真的好貼心。」這就是用肯定的語言來表達愛。

三、身體的接觸：重視肢體接觸的人，喜歡以非語言的方式感受到親近，這包括任何安全的肢體接觸形式，比如擁抱、牽手、坐在一起或拍拍背部。又好比說，伴侶買玉米餅回來了，你給他一個大大的擁抱。

四、優質的時光：有些愛的語言是用心陪伴，維持兩人好好相處、不受干擾的時間與空間，像是外出約會、一起散步、辦事情或一同從事愛好的活動。用心與伴侶互動，給予他們全神貫注的注意力（嗯，請收起手機），也是這種愛的語言的表達方式。你們可以一起坐在陽臺上，享受伴侶剛帶回來的玉米餅，共度一段優質的時光。

五、貼心的禮物：最後，有些人在收到貼心的禮物時，最能感受到愛。禮物不一定要昂貴或華麗才「算數」，關鍵在於有心。一份貼心的禮物表示你很了解對方，並且把他放在心上。記住和慶祝特殊日子與週年紀念，也是在表達這種愛的語言。或者說，你不只買了玉米餅給伴侶帶來驚喜，還多加一份酪梨醬和起司（就算要加錢也甘願）。

喜劇演員泰勒．湯姆林森（Taylor Tomlinson）曾笑說：「你的愛的語言，就是你伴侶現在根本沒做的事情！」她這麼說其實滿有道理的。如果你感覺到自己被伴侶忽視，可以問問自己：如果對方做了什麼，我會覺得被愛？你的伴侶是否以你沒注意到的方式表達了關愛呢？例如，忙碌的一天結束後，如果女友給你一個擁抱，你會覺得非常快樂，那就大方開口提出請求吧！或者，男友從不送你花，讓你覺得落寞，但他總是默默幫你把車子加滿油，你能否開始從這個舉動中感受到一些浪漫和愛意呢？不妨與伴侶分享你的愛的語言，同時為對方的付出表達更深刻的感激。然而，如果另一半從未表達任何愛的語言，那麼也許這段關係已經出現裂痕，是時候想一想，有機會修補嗎？值得繼續走下去嗎？

除此之外，你也可以透過以下幾個簡單的建議，來維持長期的依附關係，讓愛情持續保鮮：

一、一起探索新鮮刺激的事物：像是嘗試沒吃過的料理、到沒去過的地方旅行、聽音樂會，甚至一起參加高空彈跳。新奇的事物會讓大腦釋放多巴胺（獎賞和愉悅的荷爾蒙），有助於你們對這段感情更投入、更熱情。

二、親密的肢體接觸：牽個手、抱一下、互相揉揉背——簡單的肢體接觸，其實會促進催產素（愛與擁抱的荷爾蒙）的分泌，加強互相依戀的感覺。日常生活中自然的親暱互動，往往也會促進臥室內的親密連結喔。（眨眼，你懂的。）

三、展現同理心，從對方的角度思考：這是解決問題與處理衝突有效且必要的一步。（稍後我會更詳細地談論怎麼練習主動聆聽與處理衝突。）

四、常說好話：經常持續肯定伴侶，他們也會反過來支持你，這一點非常重要，畢竟誰不希望被需要、被讚美呢？

五、擁抱正面的幻想：換句話說，把注意力放在伴侶的優點上，忽略他們的小缺點。也許你的伴侶吃東西會發出聲音，或是音樂品味有些奇怪，但他會在晚上十點你賴在沙發上起不來時，幫你遛狗。想想他們種種貼心的舉動，這些小怪癖或許是值得被原諒的。（備註：這不是叫你容忍虐待或不尊重的行為，請參考前面有關警訊的部分！）

重新思考「靈魂伴侶」的幻想

「靈魂伴侶」的概念既浪漫又夢幻，多麼令人嚮往，難怪經常是詩歌、藝術和偉大愛情故事的主題。想一想，如果有這樣一個完美的人，完全理解你內心深處的想法和情感，那是多麼吸引人。不過，我要潑個冷水了，你應該放棄這種念頭，起碼要重新思考「靈魂伴侶」的意義。

把某人當成你的靈魂伴侶，常常會讓你不自覺地把對方放上神壇，以一個不可能達到的標準來要求他。你期待他會讀心、能更理解你，甚至預測你的願望與需求。但這樣的期望其實很容易讓溝通出現裂縫。生日時，你期待的是一頓浪漫晚餐，或一件精緻的珠寶，對方卻捧來三件一組的洗車工具，怎麼可能不失望呢？但別忘了，他也只是個平凡人。我之前說過，現在再說一次：人類真的不完美。我們的生活本來就充滿各種可愛的缺點和混亂。

另一個問題是，把伴侶視為靈魂伴侶，也容易讓你對他過度依賴，以為自己和伴侶是一體的，而非兩個互相連結的個體。你忽略自己的獨立和興趣，只要少了陪伴，一個人就很難過日子。你開始依賴他們所提供的陪伴、娛樂、情感支持、安全感和經濟保障。你甚至可能會淡化或縱容一些是警訊或嚴重問題的行為，比如伴侶在酒後會變得容易生氣，或者經常說謊。如果你執迷不悟地幻想對方是唯一真愛，就很容易對這種不可接受的行為視而不見。

我更喜歡這麼想：宇宙因為各種原因讓他人走進我們的生命，所以在這個世界上，有很多人都是我們的靈魂伴侶。每一段關係與緣分，不論長短，都具有意義、都帶來成長與學習。而且我也認為，你可以做自己的靈魂伴侶，畢竟與自己的關係是人生的第一段也是最後一段關係。你要先愛自己，才能去愛別人，如果你不在乎自己，怎麼可能覺得自己值得被愛呢？

說到底，我真的不適合當浪漫喜劇的編劇。我理想的愛情電影，兩個主角會約在安全且光線充足的公共場所碰面，比如咖啡店或動物園，慢慢認識彼此、建立信任，再進一步發展身體上的親密關係。他們也會介紹彼此給朋友和家人認識，一塊去聽音樂會，或者做起司三明治、煮番茄湯。週末，他們去爬山、逛跳蚤市場。他們偶爾會惹對方生氣，但一定會坐下來好好溝通。雙方持續追求自己的興趣，有自己的交友圈。聽起來不像電影情節那樣轟轟烈烈，但卻是一種理智、安全且美好的關係——這就是我心中理想的浪漫。

聆聽的藝術

每個人都渴望被聽見。當有人真的停下來聆聽你的心聲、努力理解你的觀點時，你覺得自己得到了肯定。同樣地，不論是面對朋友、伴侶、同事或鄰居，當我們認真傾聽對方，把他們放在第一位，即使只是短暫片刻，也是一份難能可貴的禮物。而且這麼做還可以避免誤解、加深關係，留下正面且深遠的印象。

成為一個優秀的聆聽者，必須心無旁騖。可惜，在這個多工處理的快節奏時代，「專心」通常不是我們的首要重點，大多數人一邊回訊息、一邊看新聞，還要抽空加熱披薩、摸一下小狗，可能還等著把衣服從洗衣機拿進烘乾機。

練習主動聆聽，是讓自己在對話中更專注的方法之一。所謂的主動聆聽，不只是單純「聽見」對方的話，更要試著理解對方真正想傳達的完整訊息。聽起來好像理所當然，但如果你真的做到，你會發現溝通變得完全不一樣。這也是我身為心理師每天都在用的溝通技巧，它能讓個案知道：「我有在聽，而且，我很重視你說的每句話。」以下就來分享幾個生活中可以練習主動聆聽的小步驟。

步驟一　專心聽對方在說什麼

這個步驟似乎很簡單，但我們經常沒有把對方的話「聽進去」，因為腦袋都在想等一下要講什麼厲害的話，讓自己顯得很聰明。也可能想著午餐吃什麼、有什麼該辦的事還沒處理。要做到主動聆聽，你必須把注意力放在當下，特別去注意對方的語言與非語言訊息。還要保持適當的眼神接觸及適時點頭，讓對方知道你正在聆聽，同時用「嗯」、「是喔」這類簡短的回應，鼓勵他們繼續說下去。

你要設法抵抗背景的噪音或雜音干擾，不要讓自己分心，也不要在心中盤算該如何反駁。別急著對對方的想法提出意見，忍住插嘴、立刻給予建議或糾正的衝動。因為你打斷對方，就像是在暗示你的話比較重要。打斷的習慣也會傳染，當你沒有禮貌，打斷對方不讓他把話說完，對方很可能會以同樣的方式回敬你。

步驟二 思考對方的話，用自己的話轉述一遍

當對方說完後，先問問自己，他想傳達什麼訊息給你？或者他希望你從他的話中收到什麼訊息？比方說，你發現朋友西蒙妮眉頭深鎖，聊著她在新工作遇到的難處。根據這些訊息，你用自己的話重述一遍，例如「我聽到你說的是……」或「聽起來像是……」這類開頭的句子。或是你也可以對西蒙妮說：「這麼快就要吸收一堆東西，聽起來真的很容易有壓力。」但切記，不要一字不差複誦原話，這麼做很容易讓人覺得反感。

步驟三 確認你是否正確理解對方的意思

下一步，詢問對方你聽到的是否正確，好確認你的反應沒錯。你可以在回應之後加一句：「我這樣理解對嗎？」或「我說得對嗎？」如此一來，對方有機會修正你一開始的假設，或者繼續進行對話。比方說，西蒙妮可能會回答：「其實

我絕對不是因為工作太多而感到挫折，而是我的同事很難溝通。」或者她也可能說：「對啊，要學的東西多到我快喘不過氣了。」

步驟四 回到步驟一，或先提出問題釐清誤解，再繼續對話

到了這個階段，你可以按照先前的步驟繼續，也可以再提出問題，釐清不明確的地方，取得更多的訊息。例如：「你剛剛提到……可以再多說一點嗎？」或「你的意思是……嗎？」有疑問時，請務必開口問清楚，不要假設你知道對方的想法與感受。

不管怎樣，千萬不要貿然提出建議或辦法。每個人應該都有類似的經驗，只是想聊聊一些困擾，對方卻立刻回一句：「你為什麼不乾脆……？」或「要是我，我就會……」這種回應令人洩氣、沮喪。我們也經常有一種壓力，覺得必須趕快幫對方解決問題，但這不是主動聆聽的目標。主動聆聽的重點是，讓對方感受到被理解、被支持。聽者要展現出同理心，而不是覺得對方的問題沒什麼大不了。你要讓對方知道，你真心站在他的角度思考，也願意陪伴、支持著他。類似「這聽起來真的不容易」或「我可以怎麼幫你，讓你感覺好一點呢？」這樣的回應，

就傳達出同理與關心。反過來，覺得對方的問題沒什麼大不了的回應，像是「別人比你更慘」或「這有什麼好煩的」，這只會讓對方覺得自己的感受遭到否定，也暗示你正在設法「修正」他們。給對方一個傾訴的機會，讓他們把心裡話說出來，他們往往就會逐漸找出辦法和方向。

最近，我和個案索菲亞談到她與爸爸的關係時，就用了主動聆聽的技巧：

索菲亞：我現在不喜歡找我爸爸，他老是問我一大堆關於生活的問題。

莉茲：聽起來你好像覺得自己被審問。

索菲亞：對啊，好累，我只想打電話找他聊天，而不是好像得完完整整地報告我的生活。

莉茲：你希望和爸爸聊天輕鬆一點，我這樣理解對吧？

索菲亞：對啊，有時候我累得只有打招呼的力氣，有時候只想聊聊日常的事情，比如我在串流平臺上看了什麼，而不是我和誰約會，或是法學院的成績怎樣。

莉茲：聽起來你好像覺得，跟爸爸聊天，像是被監督一樣，是這樣嗎？

索菲亞：倒不是，我不覺得他在監督我，他知道我什麼都做得不錯，但我覺得他只在乎我的表現，而不是關心我這個人。

莉茲：那聽起來的確不好受，你是希望你和爸爸的關係，不只是圍繞著你的表現？

索菲亞：對。

你可能會驚訝，光是認真聆聽對方說話，回應你所聽到的內容，再花點心思理解他們的觀點，就能提升他們的感受。下次與憤怒的同事或客戶互動時，不妨試試這個方法，你可能會發現，他們馬上就可以冷靜下來，說不定還能間接避免一場地緣政治衝突呢！就算沒有，最起碼一定會幫助你與同事、朋友建立良好的關係。

最後一點，當你不確定該怎麼做時，別小看直接詢問對方需求的力量。換句話說，你可以問問他們是希望你幫忙想辦法，還是只想找人聊聊、紓解情緒。如果好友談到工作上的煩惱，你不一定要幫忙解決，光是好好陪伴她、聽她傾訴，本身就是很好的支持。

公平競爭

人際關係不一定要完美才能走得長久，事實上，它們不可能完美。所有的關係難免會有衝突，這很正常，因為人類是很複雜的動物，狀態多變，意見也不可能永遠一致。所以，維持關係長久的祕訣，不在於會不會吵架，而是發生衝突時，如何以正向的方式處理。

就像「摔角狂熱」（WrestleMania）大賽有一些基本規則（禁止攻擊腰部以下、不能使用未經許可的道具、不能鎖喉，也不能擅自模仿對方的招牌技——還有，會搖來晃去的部位要記得遮好），在面對人際衝突時，也有一些必須牢記在心的原則：

● 在處理衝突之前，先讓自己的情緒冷靜下來。可以先深呼吸、睡一覺、做點運動，或是吃點東西，再來面對不好開口的話題。沒有人想在情緒爆炸的狀態下開始對話。

- 一次只處理一個問題，如果你想一次解決關係中長期積壓的所有問題，你會從晚上聊到天亮還沒結束。
- 重點是解決眼前的問題，而不是吵贏對方。
- 不需要貶低對方、罵人或大吼大叫。
- 試著站在對方的立場思考，了解為什麼這個特定議題會觸動他們的情緒。比方說，也許你的伴侶對「花錢」這件事特別敏感，因為他們在經濟拮据的不穩定環境中長大。
- 如果談話氣氛開始變得激動憤慨，或有一方受酒精或其他會改變心智的物質干擾，請暫停並休息一下。
- 溝通時保持「理直氣和」的語氣（如我們在設立界線一章中討論的），並使用「我」開頭的句子，例如：「你把碗盤留在水槽裡，希望我幫你收拾，這讓我感到挫折和不被尊重。希望你以後將碗盤放進洗碗機。」

道歉也可以很專業

想維持一段長久的關係，除了用有建設性的方式處理衝突，還需要一項重要能力，那就是在關係出現裂痕時知道怎麼好好道歉。道歉，有「無效」與「有效」之分。在真誠的道歉中，不會出現**「但是」**這兩個字。雖然混音老爹（Sir Mix-a-Lot）曾說過：「我喜歡大大的屁股（Big Butts），我無法說謊。」但在道歉中，「大大的**但是**」（Big But）可不是應該出現的東西。我說的就是大家都聽過的經典道歉句型：「對不起，但是……」聽起來像道歉，實際上根本不是：

- 「對不起，我傷害了你的感情，**但是**你很情緒化。」
- 「對不起，**但是**我只是在開玩笑，你也太開不起玩笑了吧？」
- 「我不是故意傷害你，**但是**你應該知道我最近壓力很大。」
- 「對不起讓你覺得不開心，**但是**這又沒什麼。」

在這些例子中，後半句否定了前半句。你用「**但是**」為自己辯解時，其實是在暗示被你傷害的人，他們不該感到難過。你所傳達的訊息是：他們小題大作，這是他們的錯，他們的情緒反應沒道理。因此，你並沒有為你所造成的傷害負起真正的責任。

真心誠意的道歉是，你克制替自己行徑辯解的衝動，也不急著解釋太多。由衷誠懇的道歉，會讓對方感受到你清楚自己做錯了什麼，也願意為自己的行為負責，其中包括承諾一定會改進。例如，你忘了去接室友下班，你可以說：「對不起，我忘了去接你，我知道這讓你很為難，還得臨時叫Uber。以後我在答應之前會先確認好自己的行程。」我們難免會犯錯，沒關係，只要承認錯誤就好！

思考×行動小練習

1 想一想你喜歡怎麼表達和接收愛意。你的「愛的語言」是什麼？你身邊重要的人，他們的「愛的語言」又是什麼呢？

2 試著對朋友或親密的人做一次主動聆聽。這麼做讓你有什麼感覺？對方又有什麼反應？

3 回想過去的人際關係，你學到了什麼教訓？有什麼警訊你當時沒注意到？日後可以有什麼不同的做法呢？

Chapter 7

如何理解悲傷才能好過一點

我們所遇過最美麗的人，
往往經歷過失敗、苦難、掙扎與失落，
然後又從人生谷底走了出來。
這樣的人對生命有著特殊的體會與細膩的感受，
內心充滿同理、溫柔與深切的關愛。
真正美麗的人，絕對不是偶然出現的。

——伊麗莎白．庫布勒－羅斯（Elisabeth K bler-Ross）

悲傷的定義

我們的社會總是歌頌正能量、熱情、美滿的生活以及蛻變的故事。回想小時候閱讀的童話，主角最後總是騎著白馬，在森林動物的歡唱陪伴下，和富有的王子或公主，在夕陽餘暉中奔向金碧輝煌的城堡。青少年電影也差不多：角色換了髮型，穿上漂亮的新衣，搖身一變成為舞會中的焦點——在片尾字幕跑完之前，所有的問題一定會迎刃而解。

我想不用我多說，你早就知道了——現實生活不是如此，不是所有的故事都會有美好的結局。事實上，我們一生中都必須面對悲傷。我也不想掃興，但人總有一死，這是百分之百確定會發生的事。要完全避免傷心的事，不是不可能，但前提是你必須一併放棄愛、連結、依附，讓生命充滿意義的這一切。傷心，其實代表你曾經勇敢地去愛、真心地在乎。因此，學會與悲傷哀慟共處，是一門人人都需要上的人生課。

那麼，究竟什麼是悲傷呢？它是你失去或預期會失去你珍惜的人、事、物的一種自然反應。這種損失可能是具體的，比如親人的離世；也可能是抽象的，比如理想的失敗、夢想的破滅。悲傷也不是一種單一的情緒，而是許多錯綜交織的情緒，例如難過、遺憾、內疚、焦慮、憤怒、麻木和沮喪（僅舉幾例）。很多悲傷的人會覺得自己的情緒像是在搭乘雲霄飛車，不知道下一秒會發生什麼，這是完全正常的。

除此之外，很重要的一點是，悲傷不是一個線性的過程，也不會遵循特定的時間表。大家常聽到悲傷有「五階段」——否認、憤怒、討價還價、沮喪、接受——實際上，不是每一次的傷心難過都會照這個固定的順序發展。在這一章中，我們會一起探討，失去摯愛親人後，如何面對隨之而來的複雜情緒，又該如何一步步調整自己。

你有傷心事嗎？

很多人以為只有在親人過世時才會覺得悲傷，但其實悲傷的感受常常在生活中各種時刻悄悄浮現。每個人一定都會經歷變化、挑戰與結束的事件，這些都可能引發失落感。當變化和失落感同時發生，悲傷的情緒就會出現了。剛上大學時，必須告別故鄉、與高中友人說再見，你心裡感到一陣悲傷。一份沒有得到的工作、一段走到盡頭的感情，讓你感到傷心不已。心愛的寵物去世了，你覺得難受得不得了。已經出櫃的LGBTQIA+族群，在父母或社群拒絕接受他們的身分時，也會感到痛心。

有些人對於自己在名人或網紅過世時感到悲傷而覺得意外。其實，一個重要人物的離開，經常會讓我們想到自己的死亡，提醒我們：沒有人可以永遠存在，也動搖我們「一切如常」的期待和安全感。同時，我們也會對他們去世所造成的「次要損失」難過——我們失去了他們的創造力、才華，以及他們對社會產生的深遠影響。像是美國最高法院大法官露絲．貝德．金斯堡（Ruth Bader Ginsburg）

去世時，許多人深感悲痛。她是女權運動的先鋒與象徵，始終堅定捍衛種族正義、性別平等、生育自主等基本人權。因此，她的離世讓社會籠罩在恐懼和不確定之中，人們擔心，在越來越對立的政治氛圍下，最高法院少了她的領導，個人生活和社會是否會出現重大改變。

許多我接觸的個案也經常提到，在失去友誼或朋友圈改變後，也會感受到悲傷。我們常常以為友誼是永恆不變的，但現實中，由於地理因素而分隔兩地，或者有了不同的生活重心後，我們與朋友確實可能漸行漸遠，甚至劃下了句點。這並不代表你做錯了什麼。拿我自己來說吧，在美國二〇二〇年總統大選的紛擾中，我也失去了幾個朋友（只能說我在社交媒體上發表了一些措辭強烈的訊息吧）。我後來慢慢意識到，那幾段關係其實也只是建立在外出聚會飲酒的基礎上，並非共同的價值觀和情感連結。但是，就算友誼結束了，回憶仍然存在，也依舊重要。關係未必要永遠持續才有意義。

在人際關係和人生的轉折點上，我們比想像中更容易經歷失落感。以下是一些觸發傷心的常見情況：

- 疾病或受傷
- 疏遠、離婚或分手
- 友誼結束
- 對父母或照顧者失望
- 天然災害
- 親人酗酒或濫用藥物
- 不孕或流產
- 遭遇身體或性暴力、成為犯罪受害者
- 親人入獄
- 親人失智
- 被虐待或忽視的經驗
- 搬家或移民
- 經歷重大生活事件（例如：生育、結婚、畢業）後失去自我認同
- 遠距工作，與同事失去連結
- 經濟壓力

● 家人或朋友之間因政治、宗教或意識形態差異產生衝突

此外，悲傷不只發生在個人層面，社會也常常一起「集體悲傷」。像是這幾年發生的校園槍擊、社會暴動、天災、經濟動盪，許多令人心痛的新聞引起我們的關注。新冠肺炎疫情更是集體悲傷的明顯例子，幾乎在一夜之間打亂了每個人的生活節奏，許多人失去日常、社交、社區活動、興趣愛好、經濟保障和安全感，悲傷之情油然而生。無法每週四再與同事共進午餐了，也不能去探望奶奶，甚至每天起床、穿衣上班、搭地鐵的習慣也不復存在。所有看似微不足道的日常小事和固定活動，一下子全都消失了，而這竟然也變成一種讓人心碎的巨大失落。這些失去所帶來的悲傷，都是真的。

社會對於悲傷和失落感的態度

可惜的是，我們的文化在面對悲傷和失落時，處理方式常常不太理想。多數人擅長在危機當下做出迅速的反應，但要提供長期支持，則往往缺乏有用且充分的資源。這種狀況會以不同形式出現，像是發生大型災難時（如天然災害、恐怖攻擊或人道危機），在頭幾週或幾個月，社區的支援非常多，大家都很熱心，但隨著媒體轉移關注焦點，這些關心會逐漸減少。這種情況也會發生在個人層面上。父母去世時，朋友和街坊鄰居紛紛送花、送飯表達慰問，卡片多到把你淹沒。然而，幾個星期過去了，這些支持慢慢減少，還深陷在悲慟中的你，會感到越來越孤單。

分手也可能如此。戀情結束一兩個月後，你依然深深覺得心裡少了一塊，但身邊的人可能已經不以為意，甚至期待你趕快振作起來。但是，當你覺得一切都不好的時候，必須對外展現出「我一切都好」並不容易。即便幾個月過去了，如果你收到一張喜帖，或路過兩人以前常去的早午餐店，還是可能勾起痛苦感受。

悲傷的種類

讀到這裡，你大概已經明白，悲傷是一種複雜的歷程，有許多不同的樣貌。你可能一方面因為親人不再受苦而鬆了一口氣，另一方面又深刻感受到他們已經不在身邊的事實。你珍惜過去的共處時光，卻又覺得那段時間太短暫。公司進行縮編時，你明明自認一定有新的工作機會，卻還是會感到失望與焦慮，因為原本的安全網沒了。我們本來就可能同時湧現各種情緒，這在悲傷的時刻尤為明顯。認識不同類型的悲痛，能幫助你更理解自己面對失落的反應。

預期性悲傷

預期性悲傷是知道某種失落即將來臨時提早湧現的情緒。當我們想像未來可能發生的重大生活變化或失去時，會觸發許多複雜的情緒。比如，你對畢業感到興奮，同時又為了朋友即將四散各地而難過。朋友或親人罹患絕症時，你知道他們終將離去，即使他們還在身邊，內心的痛苦已經開始蔓延了，這就是預期性悲傷。這種悲痛發生在失落即將到來之際，可能會激勵你更珍惜當下每一刻，進而修補關係、參與更有意義的活動、多陪伴重要的人，並把握機會好好道別。

當我爸爸開始接受居家安寧照護時，我逐漸接受他不會再好起來的現實。我還記得，當時如果有人寄來「祝早日康復」的卡片，我內心會有些尷尬。我謝謝親友的支持，但我的直覺告訴我，這不是一個能夠「康復」的情況。那時，我已經感受到預期性悲傷的衝擊。

延遲性悲傷

延遲性悲傷通常是在失落或死亡發生一段時間後才突然浮現的情緒，你在最意想不到的時刻發現自己受到失去的影響。像是一位在童年時失去雙親的孩子，可能在多年後沒有親人能陪同參加大學迎新活動時，才被突如其來的悲痛所淹沒。當我的孩子說一些好笑的事情時，我常常會不由自主地想念起爸爸，因為我爸爸也有很奇怪的笑點。

延遲性悲傷也可能出現在經歷重大事件後，因為忙著處理事情，直到生活步調放慢，或感覺更安全而穩定下來時，才有空間處理悲痛的情緒。比如一位高階主管家中不幸發生火災，失去所有財物，卻選擇立刻投入工作來麻痺不舒服的悲傷感受。或是寄養家庭的兒童，直到有了穩定的家庭環境後，才開始消化親人死亡的事實。在失去親人之後，感到麻木或震驚，其實有時是大腦為了幫助我們撐下去的一種反應。等到我們慢慢有了足夠的身心能量來面對時，真正的悲傷情緒才會慢慢浮現。

累積性悲傷

累積性悲傷，也稱為「悲傷超載」（Grief Overload），是指短時間內經歷了多起重大傷心事所產生的情緒。舉例來說，有一個人被解雇了，結果兩個月之後又診斷出癌症，接著最要好的朋友將因為工作而搬走。或是在新冠肺炎疫情期間或天然災害中，一連失去多位親人。

另外，如果長期使用藥物或酒精來麻痺痛苦和情緒，戒除之後，壓抑多年的情緒也可能一次爆發出來，引發累積性悲傷。這種悲痛會動搖一個人的安全感、穩定感、世界觀，甚至個人價值觀以及精神或宗教信仰。如果你正在經歷累積性悲傷，請不要獨自承受這種情緒負擔，趕緊尋求支持。例如接受心理諮商、加入支持團體、聯絡信仰團體，或是向朋友坦承你需要他們的陪伴與關心。

被剝奪權利的悲傷

當你經歷的失落不被他人或整個社會承認或接受時，就會發生被剝奪權利的悲傷。由於你的損失無法被他人理解或公開，你可能覺得自己在悲痛中孤立無援。舉例來說，在愛滋病大流行期間，許多LGBTQIA+族群失去了朋友或伴侶，但由於疾病的汙名以及許多人未出櫃，他們得不到任何支持，更遑論公開哀悼。

我有位個案在公辦民營的特許學校任教。他在學校附近出生、成長，因此對地方有著深厚的感情。不幸的是，該校發生了幾起槍擊事件，導致學生死亡。雖然整個社區都在哀悼罹難的學生，但媒體並沒有太多報導，這幾起不幸的事件也沒有進一步推動社會或政策的改變。我的個案常常覺得自己在悲痛中很孤單，家人和朋友雖然支持他，但往往很難理解這些事對他造成的情感和長期影響。其他例子還包括：

- 寵物死亡
- 自殺或毒癮相關死亡
- 同事、客戶、患者或前伴侶的死亡或病痛
- 流產或嬰兒早夭
- 領養失敗
- 寄養家庭兒童轉移到他處或與親生家庭團聚
- 失去家園或工作
- 名人去世
- 教父或教母死亡
- 失去一位老師或導師
- 多重關係中非主要伴侶的死亡
- 你不熟悉的人去世

●曾經很親近的人去世

當人們在經歷被剝奪權利的悲傷時，哀悼期間通常不太可能收到慰問卡和花籃。因此當事人常常覺得很孤單，因為社會不承認這種情況「值得」傷心難過。然而，他們的失落感是真實的，他們所經歷的痛苦也是千真萬確的。

創傷性悲傷

創傷性悲傷指的是，失去的情況原本可以避免，或者發生得又突然又殘酷，比如車禍、天災、自殺或暴力事件，讓人經歷極大痛苦時所產生的悲傷感受。創傷性悲傷往往伴隨著創傷後壓力症候群症狀，像是侵入性想法、閃回、惡夢、焦慮、睡眠或食慾的改變。他們可能會對親人的死因耿耿於懷，心中充滿強烈的憤怒或內疚。

複雜性悲傷

失去至親摯愛而悲痛欲絕是正常的，對大多數人來說，難過和悲痛的強烈情緒會隨著時間經過而慢慢減少。但是，如果過了很久之後，這些感覺仍然十分強烈，那就是所謂的複雜性悲傷。某些因素會讓人走不出悲痛，像是在疫情期間，許多人無法陪伴親人走完最後一程，也無法參加像葬禮和追悼會等一般的告別儀式，讓人更無法接受失去親人的事實，也難以獲得足夠的支持。

複雜性悲傷與憂鬱症有些相似，但不同的是，經歷複雜性悲傷的人缺乏希望，認為自己在失去至親之後無法繼續過著有意義的生活。他們一心只想著故人，無法思考其他事情。又或者，他們竭盡所能避免想起失去的親人。這類症狀會影響日常生活，有礙他們維持健康的人際關係。如果這是你目前的情況，請不要猶豫，趕緊透過心理諮商、支持團體、書籍或其他悲傷支持的資源找尋援助。

「痛」與「苦」

在悲傷的歷程中，「痛」不一定會帶來「苦」。痛，是人生經驗中免不了的一部分，是我們失去重要人事物的正常反應。當你懷念或渴望一個珍貴且重要的人或物時，心自然會覺得痛。你之所以心痛，象徵著你曾經勇於去愛，只可惜終究失去了。反過來，苦，是你或他人試圖抹去或否定你的痛時所產生的情緒。

我爸爸在我高中時過世了，當我感到傷心時，我的內在批評者尼爾森總是跑出來指指點點，說我不該難過，讓我更加痛苦。

尼爾森：你真的應該振作一點，這麼消沉，誰會想跟你做朋友？再說，你的生活也沒那麼慘，衣食無缺，還有人做菜送來給你吃，一天到晚都是奶油焗馬鈴薯！堆積如山的起司通心麵！你應該感激自己所擁有的一切。

莉茲：嗯，好的，那我該怎麼辦？假裝快樂？

尼爾森：沒錯，假裝一切都很好就對了，這樣你在合唱團的表現就不會那麼差了！你的笑容不夠燦爛，手部動作也沒有精神，你穿著綠色亮片裝，結果整個人就像電影《阿達一族》裡的角色「星期三」。

莉茲：好啦，沒問題，我會試試，我會努力假裝開心。

尼爾森：很好，搞不好這樣還有人會邀你去校慶舞會。

（結局——我硬擠出笑容，拚命在舞臺上揮手。）

失去至親後，你還可能從內在的批評者或身邊其他人那裡聽到以下的說法：

- 「至少他現在去了更好的地方。」
- 「你一定會找到新工作啦。」
- 「你該走出來繼續過日子了。」
- 「你應該感激你還擁有的一切。」
- 「你還會有其他的孩子。」

● 「至少你和你的配偶曾經度過那麼多美好的時光。」
● 「他們不會希望你這麼傷心。」
● 「要正面思考喔。」
● 「看開點啦。」
● 「比你慘的人多得是。」

這些話聽起來是出於好意，但其實是試圖淡化或抹去你的痛。這些類型的評論就是「有毒的正向」，傳達的訊息是：你沒有權利擁有自己的痛和傷心，而這樣的否定反而會讓你感到苦澀。我發誓，如果在華盛頓特區的街頭，再有陌生人叫我「笑一個」，我會直接用我那個笨重的媽媽包砸他。有時，人就是不想笑，如果你真的有難過的理由，這沒什麼不好意思的。

另一方面，如果你設法讓自己麻木，或從事會帶來更多長期壓力的事情來逃避悲傷，比如無意識地狂滑手機、購買不需要的物品、賭博、酗酒、三餐不定時、與會消耗你能量的人相處，或是在不如意時假裝一切都很好——痛，也會變成痛苦。

面對悲傷，我們的目標是緩解苦楚、尊重自己正在經歷的情緒，這可以從幾個方向著手：正視自己的難過、說出心中的感受，並且允許自己感受這些情緒。同時，你也可以有意識地設下界線，選擇與誰相處，以及如何照顧自己來安撫身心。你可以觀察自己可以控制的小事情，朝著這個方向一小步一小步前進來緩和痛苦。正如悲傷專家兼作家梅根・德瓦因（Megan Devine）所說：「即使是做出一個最微小的行動來減輕痛苦，也能在這個混亂的世界裡找回一些掌控感，重拾個人的力量。」[17]

愧疚與遺憾

在親人離世後，有些人會悄悄感到愧疚。也許是後悔自己在他們去世前做了什麼，或是沒有說出口的話；又或者質疑自己對前任所做的行為。在經歷親人尋短身亡的個案身上，我經常看到這種愧疚，他們往往懷疑自己原本可以採取行動阻止這起死亡，因此不停回想憾事發生的前幾個小時、前幾天：是不是因為我們為了洗碗一事吵架、是不是因為我忘記打電話，所以那個人才選擇自我了斷呢？然而，現實往往沒有那麼單純，即使擁有充沛的資源、充分的治療和社群支持，一個人選擇結束生命的原因通常很複雜，這不是任何人的錯。此外，值得一提的是（因為語言非常重要！），英文常說「commit suicide」（自殺），這個「commit」有犯罪的含義，但自殺不是罪，也不是道德缺失，而是一種疾病。所以，正確的說法應該是「die by suicide」（死於自殺）。

許多人在摯愛去世後（無論是自殺或其他原因），認為自己心有愧疚，其實更多時候那個情緒是「遺憾」。愧疚是自認做了壞事，與行為舉止有關，當你刻意做出不符合自我價值觀的行為時，你就會愧疚。遺憾則是事後才發現，如果當時自己知道更多，或許可以做出不同的選擇。像是如果你知道某人將在某天離開人世，你可能希望自己說了「我愛你」或打電話給對方，甚至親自去見最後一面。可惜的是，當時你並不清楚，畢竟誰也無法預測未來，在那一刻，你已經盡了全力。

有很長一段時間，我對爸爸感到愧疚，因為在他面前我總是任性耍賴。我的內心常有一個聲音說，我應該早猜到他的生命會提早結束，我應該當一個聽話乖巧的孩子來彌補這一點才對。但我後來終於明白了，每個孩子都有不懂事、難溝通的時期，這只是正常成長的一部分。現在的我，可以靠著累積的經驗和成熟的心態來回顧這一切，並給年輕的自己多一些寬容與理解。

接受親人的離開

悲傷的感覺，有時像是思鄉病，那是懷念一個已經不存在的人事物，對身體、心理、情感、社交和靈魂所造成的痛苦。如果你正在經歷悲痛，可能會察覺自己有以下若干的症狀：

- 難以集中注意力、記憶力變差
- 疲勞

●情緒波動大，例如悲痛、易怒、憤怒、內疚、震驚和後悔

●食慾改變（暴食或沒胃口）

（有趣的是，德文有個詞叫「Kummerspeck」，字面意思是「悲傷培根」或「悲傷脂肪」，用來形容人在困境或經歷失落後，靠吃東西尋求安慰的情況，這是多麼有趣又貼切的一個詞！）

●睡眠時間和品質的改變（嗜睡或失眠）

●經常夢見過世的人或做惡夢

●覺得特別孤獨

●不想談論過世的人（或反過來，反覆講述過世者的故事）

●頭痛或胃痛

●擔心其他人可能會死亡，或擔心自己可能會經歷另一次失落

●擔心悲傷的時間和程度（例如，懷疑自己傷心的方式是否「正確」，或擔心自己的痛苦沒有好轉）

●質疑自己的價值觀、信念和信仰

上述情況，真的都不好受，但這是大腦保護你的方式。記憶問題、大腦混亂、情緒麻木、逃避現實，甚至是否認，都是在幫助你暫時不要被悲傷壓垮，給你一點喘息的空間，讓你可以慢慢整理自己的情緒。我多希望自己擁有一根魔法棒，可以一揮就把痛苦變不見，或者有一套萬無一失的解憂密技。不過，失去親人之後出現這些反應，真的非常、非常正常。以下列出一些可以幫助緩和情緒的方法，你不妨試試。由於每個人傷心的方式不同，對一個人有效的技巧，或許對另一個人無效，所以請選擇對你有用的，其餘無須勉強。

允許自己去感受

悲傷很複雜，且往往令人迷惘。你可能會同時感到悲痛、失望、憤怒、沮喪、孤獨、怨懟、被背叛、受傷、內疚、焦慮、震驚、疲累，甚至可能鬆了一口氣。這些情緒都是正常的，也很合理，無論你有什麼樣的感覺，永遠不須因此自責。我爸爸在我高中時去世，我覺得自己像被遺棄了，尼爾森不停責備我，因為我是團體中那個「悶悶不樂的孩子」。在伊利諾伊州的家鄉小鎮上，我找不到聊心事的朋友，只好反覆在車裡放威瑟樂團（Weezer）翻唱的〈遜咖少年〉（*Teenage Dirtbag*），努力說服自己不要再難過了。因為我覺得如果我不裝出正能量，就無法融入同學。但事實是，我有權利悲慟。你也一樣，有權利擁有任何情緒。

照顧好自己的身體

情緒低落時，我靠食物療癒自己——從我不停提到墨西哥捲、披薩和玉米片，你大概早就猜到了。用食物安慰自己沒有錯，但請記住：在低潮時，照顧好身體真的非常重要，別讓自己身心俱疲而徒增痛苦。借酒澆愁聽起來很誘人，但隔天只會更加難受，悲傷加上宿醉焦慮，根本是一張直達痛苦之城的特快車票。當世界彷彿塌了，請專心做好最基本的事：好好睡覺、好好喝水、好好吃飯、到戶外走走，以及記得洗澡、刷牙、深呼吸，多多活動身體。

提出你的需求

不幸發生後，朋友和家人通常會說：「有需要記得告訴我喔！」但在失去親人或發生重大事件之後，我們往往很難知道自己需要什麼，但如果有人願意幫忙，千萬不要客氣，他們是真心願意幫助你，只是不知道該怎麼做。如果你想找人一起看《超級製作人》重播，一邊吃蔬菜撈麵，那就說出來。如果你對某些事情感到畏懼，比如重新撰寫履歷或整理郵件，發個訊息給你那位擅長這方面的朋友求助。

以包容與耐心對待自己

我就直說了：失去親人或發生重大事件後，你的狀態絕對不可能完美，而在一個拚生產力的競爭社會中，這對你的自尊可能造成很大的打擊。悲傷會消耗大量的精神、身體和情感能量，集中注意力變成一項挑戰。可能你平常超級有條理，此刻卻連每週的工作會議這種事都會忘記、濕衣服丟在洗衣機裡三天、襯衫穿反了就出門，或者開車回家時把冰咖啡忘在車頂上。這些都很正常。對自己多一些耐心；如果可以，盡量設法減輕自己的負擔。

避開會消耗你能量的人和情境

還記得上一章說過的「健康界線」嗎？在經歷喪親或失落後，這些界線變得更加重要，它能幫助你守護寶貴的情感、精神和身體能量。不想參加大學朋友的年度橄欖球聚會？可以不去。開口閉口都在抱怨的阿姨約你？可以不去。大學時代最好的朋友總是把你當成情緒垃圾桶？不如找其他人當你的支柱。在經歷悲痛時，你的能量有限，請好好保護它，並用在對你真正有幫助的人事物上。

尋找支持

我曾經帶過一個青少年悲傷支持團體，每週和一群八到十一歲的孩子碰面，在會議室喝檸檬汁、吃餅乾，一邊玩遊戲、做藝術創作，一邊聊聊傷心的感受。在第一次聚會之前，照顧者和家長緊張地把孩子交給我，深怕孩子會馬上陷入絕望的情緒低谷。但這種事通常不會發生。一旦孩子明白，同組的成員與他們一樣都在面對親人的死亡時，那種如釋重負的感覺——就像是放掉氣球裡的空氣一樣——會立刻在會議室擴散開來。我永遠不會忘記，在一次聚會後無意間聽到一位女孩和她媽媽之間的對話。她媽媽問她聚會情況，女孩回答說：「超好玩的耶！」的確如此，我們時不時就會哈哈大笑。孩子彼此之間建立起信任，可以一起大笑、流淚、生氣，真實感受到每一種情緒。

你也可以考慮加入類似的支持系統，可以是正規的支持團體，也可以是沒有批評壓力並充滿關懷的社交場合，比如讀書會、即興表演課程、宗教活動、健身房、求職社群、志工組織等。在經歷親人死亡或重大事件後，當志工是一個不錯的分心方式，尤其是服務的對象或理念與自身處境無關時。如果你最近失去一位因自殺而離世的朋友，你可能會發現，和動物相處或在社區花園工作，能夠帶來些許安慰。這並不是說你不能在自殺防治非營利組織中當志工，但你可能需要先給自己一些時間，處理好自己的情緒。

承認連帶性失落

所謂「連帶性失落」（Secondary Losses），是重大失落事件所引發的其他損失，就像骨牌效應一樣排山倒海而來。比如，公司裁員、你被解雇了，這是主要的失落事件，但背後牽動的可能有：失去專業身分、職場社群、規律生活、社交管道（例如辦公室每週的下午茶或壘球賽）、財務穩定，甚至醫療保險等。常見的連帶性失落還包括：

- 社會地位
- 信念
- 信心和身分認同
- 財務安全
- 安全感
- 對未來的夢想與期待
- 日常生活節奏
- 家庭結構
- 傳統
- 家族記憶

連帶性失落所帶來的痛苦和困擾，有時不亞於主要失落事件本身，甚至更為嚴重。你必須辨識這些缺憾，並加以處理才能減少痛苦。支持團體或心理師通常能提供寶貴且安全的空間，幫助你面對連帶性失落。

紀念你的失落

你可以用很多方式來紀念你所失去的人或事。比如，在親人去世後，透過或大或小的舉動來緬懷他們，像是捐款給他們最支持的慈善機構、種植花草樹木來紀念他們。或是製作一本回憶手札、收集他們的照片、創立他們喜愛音樂的播放清單，甚至是吃他們最喜愛的糖果，或佩戴他們的首飾。你也可以用特別的傳統來紀念他們的忌日、生日或其他重要的日子，比如重現他們的拿手好菜，或參觀他們喜愛的地方。

如果你在安排至親的後事上沒有發言權，或者對追悼方式不滿意（嘿，複雜的家庭關係會在緊張的生活事件中浮現！），你可以自己舉辦一場對你有意義的私人追悼活動。許多人則是選擇繼續與已故的親友交談或寫信給他們，這是非常自然且健康的做法，可以幫助我們與逝者保持連結。

處理集體悲傷

當社會發生重大創傷事件時，感到困惑或麻木是常見的反應。這時候，有一些方法可以幫助你面對這類情緒。第一步是允許自己去感受，並正視自己的情緒，無論你現在有什麼情緒，它都是正常合理的。接下來，學著抗拒想要不停查看手機的衝動，不要讓自己陷入新聞和社交媒體可怕影像的漩渦中。我建議你選擇少數你信任的資訊來源，只擷取重要資訊保持基本了解即可。

行動可以減少無力感，所以不妨參與社會運動或倡導活動，若經濟有餘力，可以捐款給值得資助的慈善機構。你也可以致電或寫信給地方民意代表、擔任志工。如果你真的沒有能力做這些工作，先照顧好自己和身邊的人。當生活讓人感到難以承受時，試著將世界縮小到你可以掌控的範圍。喝杯水、去街上走走、深呼吸。有時，這些就是你能做的全部，而這些也已經足夠了。

最後，別忘了為這個世界注入一些正能量，對抗可能悄悄侵入內心的憤世嫉俗，比如幫助陌生人，或是向親朋好友表達感激。去年，我家附近有幾個孩子在路邊擺攤賣檸檬汁，為預防槍枝暴力募款，讓人非常感動。如果每個人都出一點力、做一點事，累積起來，也能慢慢帶來改變。

修補破碎的心

每個人都經歷過被拒絕或心碎的時候。先前我說過，墜入愛河的感覺，就像嗑了藥的亢奮感，所以失戀時，就會出現戒斷期般的症狀：你會有強烈的渴望，想要擁有對方、見到對方，因為你再也無法從他們身上獲得浪漫的「滿足感」。此外，你可能無法接受對方提分手的原因，不停想著：是不是我哪裡做錯了？是不是當初如果我怎樣，現在就不會這樣？一遍又一遍反芻每個可能導致分手的時刻。更別說，分手有時還會帶走你的一部分自我認同，因為你的日常作息、社交行程，甚至是朋友圈都可能會改變。最後，就算分手的原因說得再清楚，心頭的痛楚都無法徹底消除。

這些，我真的都懂。從心碎中走出來不簡單，要讓自己不再對前任念念不忘，真的需要很大的意志力。我們往往不自覺把對方理想化，而且只記得甜蜜的片段。但是老實講，每次你傳簡訊給前任、在社交媒體上偷偷追蹤他們、重聽以前的語音訊息，或是翻看過去的照片，其實只是讓自己更難「戒掉」他們。不如換個方式，試試看把你不喜歡他的地方一一列出來，當你又想起甜蜜的時光時，提醒自己他也常常惹你不開心，比如他會像神經病一樣把洗碗機亂塞一通，或是去年在超級盃足球賽派對上喝得太多，對你的朋友超沒禮貌。別再阻礙自己的療傷過程了。朋友，點一些鼠尾草，淨化你的小天地，把那些負能量統統趕出去吧。

二十出頭的時候，我曾深陷在一段感情中，完全無法自拔，多虧有好朋友比爾拉了我一把。那時的對象比我年長幾歲，看起來成熟又可靠，結果他一提分手，我整個人就崩潰了。比爾當時對我說：「莉茲，別擔心AARP啦。」我聽了滿臉問號：「AARP是誰？」他笑說：「你不知道喔？AARP就是

『American Association of Retired Persons』，美國退休人士協會啊！」我當場笑瘋，差點沒尿褲子。比爾一句話就戳破了我們的年齡差距，也讓我驚覺自己一直把前男友理想化，把這段關係看得太夢幻。

心碎不只限於愛情。當你打開「尋找我的朋友」APP，發現大學時期的朋友都搬來了這座城市，卻沒有聯絡你，你一樣會心碎。或者，當你最好的朋友決定探索新的身分，與一群新朋友往來，不再找你加入，這也是一種心碎。只要是失去任何珍貴的關係，都可能有心碎的感覺。

如何陪伴悲傷的人

在一個處處強調「正能量」的文化中，各種形式的悲傷往往令人感到不知所措。因此如果你身邊的人正在經歷失落，你可能會不知道如何幫忙。不過，支持一個正在傷心的人，其實比你想的還簡單，尤其是如果你能夠忍受這種不自在的氣氛。以下是一些你可以做（和不太建議做）的事情：

可以做的事：認同朋友的情緒和感受

正如我之前提過的，悲傷的情緒就像坐雲霄飛車，你可以給對方空間好好感受自己的情緒，比如簡單回應和重述他們所說的話，同時表達認同。（例如：「這真的很難受」或「我可以理解你現在的憤怒」。）

可以做的事：接受自己的尷尬或不知所措

如果你不知道該對經歷重大事件的朋友說什麼，沒關係，真的。不妨坦承告訴對方，你不知道該說什麼，但同時清楚表明你愛他們，願意陪伴支持他們。如果你不確定該如何支持，可以直接問：「我現在怎麼做最能幫到你？」

可以做的事：給朋友機會聊聊已故的人

很多人擔心提起過世的人會讓對方更加難過，所以會有些緊張。其實，你的朋友可能很想聊聊那個人。（如果他們不想，他們會告訴你的。）有些人甚至會擔心，若不提起親人或分享回憶，那個人就會漸漸被遺忘。所以，給他們這個機會說說吧，如果你不認識逝者，也可以問問朋友他是怎樣的一個人。

可以做的事：紀念重要的日子

在特定的日子，例如生日、忌日、節日、離婚日、監護權聽證會開庭日或重要紀念日，都可能勾起強烈的悲傷。我有一名個案，他認真交往過一位女友，卻在去年的三月十四日——也就是一年一度的「圓周率日」——分手了。他熱愛數學，也很會烘焙，曾經在某一年的圓周率日，親手烤了一個蘋果派送給女友，還在派上做了極為精緻的格紋，精美到大概連大廚朱莉亞・查爾德（Julia Child）看了都會忍不住稱讚。

當今年的三月十四日即將到來時，他又被勾起了傷心的往事，心情極為低落，甚至有些心不在焉。於是，我們一塊動腦筋，思考面對這個非常難熬的分手週年紀念日的方法，像是去做按摩放鬆、這天不要把工作排得太滿。他還和我一起幫這天取了另一個名字，叫做「傷心派日」，我們覺得這同時也是個不錯的樂團名字。

你也可以和朋友聊聊，看看是否有什麼難熬的日子即將到來，他們特別需要你的支持或陪伴。此外，往後也不要忘記持續定期關心他們。在失去至親後的第一年通常格外難熬，因為那一年充滿了一連串的「第一次」，第一次沒有那個人的重要日子和活動等。而經常讓人大感意外的是，第二年有時更不好受，因為當失去親人的現實逐漸成為常態時，悲慟的感受有時反而更強烈，原因是他們內心終究接受了這個失落是永恆的。

可以做的事：盡量提供實質的陪伴或協助

在失去親人之後，就連再簡單的工作，對當事人來說也可能變得非常吃力。不妨主動詢問朋友是否需要幫忙，尤其是當他們面對一些自己不願處理的事情時。像是去超市買菜，對有些人來說也是倍感壓力，擔心遇到熟人、怕對方知道他們失去親人而露出「同情的眼神」，甚至不敢看到替親人購買過的東西。這種時候，幫朋友去好市多採購衛生紙、更換車油，或是處理繁瑣的帳單文件等，都是非常有力的支持。

可以做的事：提出建議之前先徵求對方意願

如果你也走過悲傷，可能發現有些方法對你很有幫助，像是參加支持團體、報名運動或冥想課程之類的。不過，對你有用的療傷方法不見得適合他人，所以若你想對朋友提供建議，應該先徵求他們的意願。例如：「嘿，你介意我分享一些對我有幫助的方法嗎？」或者「你會想一起聊聊怎麼面對目前的處境嗎？」如此一來，如果朋友不願意，或是還沒準備好要改變時，還有機會可以婉拒。

不要做的事：擅自決定他們不適合參與活動和社交場合

你可能會以為，一位遭逢喪親之痛的朋友會不想去看電影或聽音樂會，但其實有時出門走走剛好能讓他們喘口氣，暫時遠離哀傷。記得，繼續邀請他們參加活動，不過也要給他們婉拒的自由，讓他們根據自己的情感能量和精力來決定是否參加。

不要做的事：自認有責任讓他們開心起來

你沒有責任解除朋友的痛苦，別說出「起碼你拿到遣散費」或「至少分手發生在假期前也算好事」這類的話。分手或失業沒什麼值得安慰的地方，尤其是事情剛發生的時候。叫朋友「看開一點」其實會不小心傳達出這種訊息：他們不該感到難過，或者你對他們的痛苦有點尷尬、不知道怎麼面對。你真的不需要解決他們的痛苦，願意陪伴他們走過這些情緒，就是一份難能可貴的善意。

不要做的事：約他們以酒消愁

你可能以為，約朋友出去大醉一場，可以紓解失戀的痛苦。但長期下來，酒精只會加劇傷心和焦慮等情緒。與其如此，不如邀請朋友做一些健康的事，比如散散步、上瑜伽課，或一塊做點創意活動。

不要做的事：替對方的信仰做假設

你的信仰可能為你帶來深切的安慰與希望。然而，當一個人遇到重大事件時，有時他的信仰會受到動搖，特別是面對創傷性或突如其來的失落時。面對失去至親的朋友，談到特定的信仰觀念或對來生的看法，更需要小心謹慎，尤其是在對朋友的宗教信仰了解不深的情況下。

不要做的事：別急著談自己的悲傷經驗

每個人在生活中遲早會經歷傷心事。當身邊朋友失去重要的人或事時，你或許很想提起自己的經驗來建立連結。但是，每個人的損失和經歷都是獨一無二的，當你提到自己的，焦點就會從正在難過的人身上移開了。

化悲傷為力量

這本書的構想，是在我四十二歲時逐漸成形的，而我爸爸剛好就是在他四十二歲時因癌症去世。在活到他離開人間時的年紀，我突然領悟到一個深刻的道理：人生沒有彩排，也不是預演，我不能再繼續空談寫作計畫，應該真的動筆，把想法化為行動。

我不樂見任何人經歷至親離世的痛，即使那是每個人遲早必須面對的事；但我也不會否認喪父之痛對我的正向影響，因為它成就了現在的我，幫我釐清了自己真正重視的東西。我很年輕就認識了死亡，這讓我明白一件事：我不能浪費時間為他人而活，也不能把重要的事情拖到明日，因為明日不保證一定會來。

悲傷具有潛在的改變力量，一場失落或一次創傷，可能徹底改變你看待自己、他人，還有這個世界的方式。當你失去一個摯愛的人，你不再是原本的自己。走過悲慟不容易，但它可以帶來力量。大衛・凱斯樂（David Kessler）在《意義的追尋》一書中寫到，每一次的失落都有它的意義。從失落中尋找意義？剛聽到這種想法，可能會讓你想把這本書直接丟進垃圾桶。正痛得撕心裂肺的時候，哪可能從失落中找到任何有意義的東西呢？但凱斯樂說得真好，意義不是來自於那場可怕或毀滅性的事件本身，而是內心——來自於你如何學習、如何成長。

追尋意義，不是掩飾痛苦，也不是隱藏哀慟。療癒需要時間，但許多人會急著跳過痛苦，找到一個新目標和新寄託。但在那之前，我們必須接受新的現實。接受新的現實不代表喜歡這個現實，而是願意承認事情已經與期望相反了。追尋意義，也不代表你已經不痛了，正如作家暨哀傷專家諾拉・麥肯納利（Nora McInerny）說的，我們不是**走出**悲傷，而是**帶著**悲傷向前走。[18]

悲傷有一個特質，就是能夠穿透所有的虛偽。我爸爸過世後，我突然不再那麼在乎別人對我的看法了，反而只想確保自己不會浪費生命。當然，我不是在他一過世就想通，我還有很多需要領會的地方。只是從那之後，我確實更清楚了一些事情，所以不再為小事計較，也更有勇氣面對挑戰。因為我知道，即使再難受的情緒，我也撐得過去。

悲傷不會隨著時間慢慢淡去。[19]這與「創傷後成長」的概念有關，也就是說，經歷逆境之後，我們可能出現正向的心理轉變，帶來顯著的成長和變化，並找到其他情況下無法發現的意義和連結。在「創傷後成長」的過程中，你可能會：

- 對新的機會抱持更開放的態度
- 與他人建立更穩固的關係
- 對生命有更深的體認
- 對信仰和靈性有嶄新的看法
- 對自己克服挑戰的能力更有信心

但我要說清楚一點：你所經歷的損失和面臨的挑戰，不是什麼宇宙或某種更高的力量認為你「應該學習的教訓」。絕對不是你活該。人生難免會發生糟糕透頂的事情，這確實很不公平。如果你正經歷巨大的失落，對什麼創傷後成長的概念感到陌生，甚至無法想像，那也沒關係。這不代表你有問題，更不表示你缺乏韌性。隨著時間過去，你心裡的痛可能會改變，也可能不會改變。

我的一位前同事，他的孩子因為遺傳病而早夭，後來他和妻子成立了一個組織，專門支持和他們一樣的家庭。失去孩子的痛從來沒有消失，但他透過減輕他人的痛苦來創造意義，與其他有相同困境的父母建立連結，他與妻子的哀傷從此不再那麼孤單了。這個組織不只紀念了他們對孩子的愛，也延續了他們與孩子的關係。

我常常覺得，失去親人後的悲慟，如同一只珍貴的玻璃花瓶摔碎了一樣，花瓶不可能再拼回原本的樣子，但一片片的碎玻璃可以重組成另一樣美麗的東西，比如馬賽克，比如彩繪玻璃窗。那麼，你會怎樣紀念你所失去的人事物，讓生活能繼續往前走呢？

思考×行動小練習

1 回頭想想你的生活，你現在正面對哪些或大或小的失落？這些失落如何影響你的生活或你對生活的看法？

2 悲傷包含了各式各樣的情緒，如果你目前正在經歷失落，試著辨識你心頭浮現的五種情緒。

3 你可以用什麼方式紀念生命中已故的重要人物？

Chapter 8

讓一切變得有意義

只要找到生活的目的，

就幾乎什麼困難都撐得過去。

——弗里德里希．尼采（Friedrich Nietzsche）

快樂與意義

我們活在一個注重感覺良好的社會，這樣的文化傳達出一個訊息：如果你不快樂、感覺不好，就是你哪裡出了問題。但我想說一句也許有人現在正需要聽的話：**沒有人能一直快樂。**快樂這個東西，本來就是短暫的，總是來了又走，走了又來。

事實上，真正重要的是，去學會與不太舒服的情緒共處，而不是試圖改變或修正這些感受。很多時候，為了讓當下感覺好一點所做的事，往往之後會讓我們更加不開心。比方說，工作讓我煩得要命，我想趕快甩開這些煩悶，回到快樂的心情，於是上亞馬遜網站，買了一件不需要的衣服，或是直接拿起一個杯子蛋糕往嘴裡塞。有些人可能心想「隨便啦」，轉頭就約朋友出去，喝了一大堆龍舌蘭酒，甚至又找前任見面，只為了快速獲得快感。但這些事情長久下來不會讓你更快樂，反而可能引發內疚，甚至讓你陷入羞愧的惡性循環。

正因如此，我會鼓勵我的個案，與其單純追求快樂，不如尋找意義。少了意義，我們的內心會感到空虛。心理學家史考特．巴瑞．考夫曼博士（Scott Barry Kaufman）說過：「快樂比較像是滿足需求、得到自己想要的東西而感覺良好；意義則與獨特的人類活動更有關聯，比如發展個人身分、表達自我，以及有意識地整合過去、現在和未來的經驗。」[20]

創造意義最迷人的地方是，你可以參與為生活帶來意義的事，而這些事不受你當前的情緒影響。拿我自己做例子，我非常重視與親友聯繫，所以喜歡寄明信片給朋友和家人。我老是在收集有趣、古怪、惡搞、溫暖和鼓舞人心的小卡片，我也許記不得朋友的生日，但我會在二月某個普通的星期二，突然寄一張搞笑的明信片給他們。這個舉動為我的生活創造了許多意義。即使在我沮喪到不行的日子裡，我也能夠讓別人在打開信箱時瞬間笑出來，想起了我。

當你投入一件對你有意義的活動時，即使當下心情不好，它通常還是能在未來帶來滿足感。我是作家、我熱愛創作，這是我身分的一部分。話雖如此，我也有完全提不起勁打開電腦的日子，有時候可能覺得腦袋卡住，或是懷疑自己沒什麼值得說的話了。這時候，我會施展拖延大法，像是洗衣服、收拾洗碗機裡的碗盤、整理鞋子。我想說的是：每一次寫完之後，我都沒有後悔過。

意義的四大支柱

作家兼研究者艾蜜莉・艾斯法哈尼・史密斯（Emily Esfahani Smith）在TED的演講〈人生不只是要快樂〉（*There's More to Life Than Being Happy*）中，提出了意義的四大支柱。[21]她指出，儘管過去幾十年我們整體的生活品質提升許多，但美國的自殺率在近三十年卻不降反升；儘管今日有更多讓人瞬間快樂的方法，很多人心中依舊感到絕望、沮喪和孤獨。想要讓生活變得更有意義，她建議我們從意義的四個核心元素著手：「歸屬感」、「使命」、「超脫」和「敘事」。

歸屬感

當你感覺自己跟家人、朋友或某個社群有連結時，生活通常就會變得更有意義。但歸屬感不是單純的「融入」，不是因為你們都支持同一支運動隊伍、穿了相同風格的衣服，或信奉相同的宗教，於是成了「自己人」。真正的歸屬感根植於「愛」，是一種你因為做自己而被珍惜的感覺。如同布芮尼．布朗的解釋：「融入是評估情況，然後改變自己變成對方想要的模樣。歸屬感則不要求我們**改變**自己，反而要求我們**做回**自己。」22

使命

在生活中找到使命，也能獲得意義。使命就是找到你的「為什麼」，也就是驅使你每天起床的動力。這與強迫自己找到「熱情」（即最擅長的工作或興趣），並期待一切都會水到渠成是兩回事。（溫馨提醒：我們很少能「找到」自己的熱情，大多數人都是經過一段時間的堅持和磨練才培養出熱情。）使命是去發現你如何能對世界有所貢獻，並運用自己的優勢，讓生活更有價值。

超脫

超脫是一種極度專注且身心完全沉浸其中的心理狀態，許多心理學家稱之為

「心流」（Flow），也就是所謂的「進入最佳狀態」。有人在繪畫、編織等創意活動中體驗到心流，有些人則可能在運動、寫作、親近大自然或園藝中經歷。處於心流時，你會完全專注於當下，甚至忘卻時間的流逝。這與正念的概念相似，在這個狀態下，你不會批評自己，也不會思考過去或未來。當你對周遭世界和自己身在其中的角色感到敬畏時，超脫也會悄悄發生。

敘事

敘事是描述自己的生命故事，並從中創造意義。你使用的語言、你講故事的方式，其實對你的生活有很大的影響力。比方說，如果你在求職時遇上挑戰，你是說「我就是不夠好」，還是「我還沒放棄，還在努力」？在感情上還沒遇到對的人，你是說「不可能有人愛我」，還是「我很有耐心，相信我會等到那個人出現」？你如何以能夠賦予力量且有意義的方式描述自己的生命故事呢？「現實」是一種社會的樣貌，它沒有單一版本的真相。詮釋經驗和事件的方式有很多種，你如何敘述自己的故事，才能讓它具有影響力？如果你是電影製作人，想拍一部改編自你人生的勵志故事，你會選擇呈現哪些事件和主題呢？

確認你的價值觀

我家老大出生後，像大多數的父母一樣，我幾乎永遠處於筋疲力竭的狀態。照顧一個小小孩非常吃力，這讓我睡眠不足，感覺自己一團亂，可能看起來也是一團糟。我完全不知道如何重返職場，更不知道如何找回那個「我」。在那段日子，花十到二十分鐘做引導式冥想，成了我重要的充電儀式。冥想一開始，我總是想找出自己的目標，以及賦予我生命意義的事物，這是一個抽象的大問題；但我不斷聽到心裡的聲音在告訴我：**我是真誠的、有創意、有目標，而且，我是有用的**。我當時並不知道，我正在做的，原來是在釐清我的價值觀。回顧近幾年的生活，我發現當我確認了價值觀以後，我的生活安排和各種決定就有了依據。

有一句話我非常認同：「如果你不為某些事堅持立場，你就會對每件事讓步。」花點時間確認你的核心價值觀，就像有了一個指南針，能為你的生活指引方向，讓你不容易迷失。時間不會因為任何原因停下來，所以你必須有目標且努力追求，以有意義的方式善用你的人生。我所謂的目標，不是要你疲於奔命去追求下一個超級目標，而是希望你有意識地按照自己的價值觀過生活。與那種死板的五年計畫不同，價值觀更彈性，讓你能夠靈活安排你的優先順序。

現代生活充滿壓力，所以這種靈活度非常重要。不只是衣著、追劇、學習與閱讀有無數的選擇，與誰共度時光、上網瀏覽什麼、追求什麼嗜好或熱情，甚至如何謀生，我們都有數不清的決定要做。我奶奶在我這個年紀時，超市只有兩種早餐穀片可以選擇。但現在我去超市時，面對的是四千種選項，要為我的孩子挑選早餐，我得考慮哪個品牌好吃、含糖量少、沒有紅色四十號色素，還要有一些蛋白質和纖維。天啊！這還只是穀片區而已。

在這種情況下，光是做個決定就讓人覺得心很累，這就是所謂的「選擇悖論」（Paradox of Choice）：選擇越多，往往越難取捨，對最後的決定也就越不容易滿意。我們懷疑自己的決定，反覆回想沒有做出的那個選擇，最後導致決策疲勞。的確，不斷決定哪些事可以分配到我們寶貴的時間、精力、注意力和金錢，這是多麼疲倦的一件事。但是，如果我們能夠按照自己的價值觀去做選擇，就能更有效地處理現代世界中的選擇悖論。在研究所時期，我很幸運跟杰德森・李察森（Judson Richardson）同組進行田野調查，他現在是我珍貴的朋友，也是我值得信賴的同事。他介紹我一個很實用的活動，叫「價值排序」（Value Sort），可以幫助我們反省自己對生活中最重視的事。活動是這樣進行的：我們會把一堆代表價值觀的詞彙做成小紙片，混在桌上，讓參與者進行分類，找出對他們最有共鳴的詞。這項活動非常有用，我現在也常常與個案一塊進行。

不過，一個人進行也可以。如果你覺得這個活動對你有啟發，剛好也有一些預算，可以上網買一套價值卡組。或者可以利用下一頁的詞彙清單自行製作卡片，步驟如下：先閱讀清單，圈出對你有共鳴的價值觀；完成這一步之後，從中挑出十大價值觀，然後再精選出五大價值觀；最後，依重要程度排出前五名，看看哪兩個是最能影響你決策與行動的核心價值觀。

如果你在清單上沒看到你想要的詞彙，也可以自己加進去。每當你覺得需要與自己重新連結時，都可以隨時重做這個練習。我自己每年至少會做一次。人的價值觀和優先順序，會隨著時間改變，這很正常。

價值清單

豐盛
接納
成就感
負責
準確
達成目標
適應力
冒險
倡導
關愛
警覺
無私
抱負
專注

美感
歸屬感
勇敢
卓越
職涯
關心
挑戰
慈善
整潔
互助
舒適
承諾
社群
同理心

連結
滿足
貢獻
合作
勇氣
禮節
創意
好奇心
投入
尊嚴
多元
動力
效率
環境意識

真誠
覺察
平衡
興奮
公平
信念
家庭
無畏
財務穩定
健康體能
寬恕
自由
友誼
樂趣
慷慨
能力
競爭
自信
直覺
工作穩定
喜悅
正義
善良
知識
領導力
學習
傳承
休閒
愛
忠誠
平等
道德
出眾
尊重
責任感
自制
冒險精神
安全感
保障
自我實現
自律
自我表達
自立
自我尊重
平靜

回饋社會
優雅
感恩
成長
和諧
健康
家庭歸屬
誠實
希望
謙遜
幽默感
影響力
包容
獨立
獨特性

專業
自然
開放
樂觀
秩序
原創
教養
熱情
耐心
愛國心
和平
毅力
內在充實感
玩心
權力

服務精神
簡單生活
靈性
運動精神
穩定
地位
照護責任
結構
成功
團隊合作
節儉
時間
守時
包容力
傳統

主動性
創新
正直
智慧
意向
獨特性
團結
實用性
願景
坦率真誠
財富
身心健康
保持童心

自豪
生產力
認可
可靠性
機智應變
透明
旅行
信任
真實
理解

聰明地設定目標

找出自己最重要的核心價值後，接下來才是重頭戲。核心價值不是拿來印在木板上，就像你可能在HomeGoods家飾店看到的牆面標語。（當小孩昨晚把你吵醒六次時，看到一塊寫著「好好活著、開心笑著、盡情愛著」的再生木板，真的會讓人覺得很諷刺！抱歉，我離題了。）你必須將這些價值觀轉化為行動，否則它們只是抽象的概念，對生活不會產生真正的影響。將價值觀化為行動，你會更有意識地生活，而不是被日常的忙碌節奏牽著鼻子走。

我之前提到，「真誠」是我的核心價值之一。對我而言，「做自己」這件事非常重要，當我越是感到自在，就能為個案提供更好的諮商服務。「真誠」，讓我能全心陪伴個案、與他們建立連結。有了孩子後，我也開始更認真思考如何活出「真誠」。於是我決定，就從改善我的時間界線開始。我仔細檢視我的時間安排，確認我究竟能服務多少個案，所以晚間我不再安排諮詢，因為我天生就不是夜貓子，以後也不可能是。我開始拒絕我無法負荷的諮詢工作和志工活動。在我的私人生活中，我也更用心選擇人際關係，篩選我想接收的資訊。我也練習自我疼惜和自我接納。藉由這些步驟，我一步步減少了壓力，因而更有能量做真實的自己。

將價值觀落實在生活中，並沒有標準的做法，除非你願意，否則不必像《享受吧！一個人的旅行》一樣，非得來場一百八十度的大轉變。如果你確實想效法該書作者伊莉莎白．吉兒伯特（Elizabeth Gilbert）跑去印度旅行、住修道院，那的確很棒，但不是每個人都有這樣的資源和彈性，這也不是有意義生活的必要條件。相反，你可以通過大大小小的方式，將核心價值觀融入日常生活。布芮尼．布朗說得很好：「我不必追尋非凡的時刻來尋找幸福——如果我能專注並實踐感恩，幸福就會出現在我的眼前。」[23]

你可以從問自己幾個問題開始，深入觀察內心，想像如果你真的按自己的價值觀生活，你的人生會是什麼模樣：

- 你希望生活多一些什麼？
- 你希望生活少一些什麼？

- 有沒有一個簡單的行動，可以讓你的生活更貼近你的理想？
- 你如何將自己的核心價值觀帶入工作和生活中？
- 什麼事物可能會妨礙你實踐核心價值？
- 今天、這星期、這個月，你可以怎麼實踐你的價值觀？

這些簡單的小問題，就像生活中的溫柔提醒，慢慢帶著你，一步步活得更貼近內心真正在乎與珍惜的東西。

反省後，該來設定目標了。有時，**目標**兩個字讓人倍感壓力，腦中浮現的可能是績效表、嚴苛的飲食計畫和失敗的新年新希望。請重新定義目標對你的意義，讓它們變得更清晰、更好掌握。像是設定「SMART」目標：「明確」（Specific）、「可衡量」（Measurable）、「可達成」（Achievable）、「符合實際」（Realistic）、「有時間限制」（Time Bound）。畢竟，目標如果過於崇高或模糊，就很難知道該從哪裡著手。

假設你的核心價值是「連結」，那麼立下「結識新朋友」或「珍惜我的人際關係」的大方向目標沒有錯，但還不夠精確具體，落實的機會就比較低。來看看讓這個目標變得更SMART的做法：

- 今天：傳封簡訊問候大學朋友，讓他知道我很想念他
- 本週：買卡片和郵票，寫幾句話寄給阿姨
- 這個月：邀請熟人出來喝杯咖啡
- 今年：加入附近的組織或俱樂部

目標可以是短期的，也可以是長期的，簡單或複雜都好。不管如何，目標應該是關於你希望生活多一些什麼，而不是你想要刪去什麼。目標也不該感覺像是懲罰或硬性規定，比方說，與其希望自己「不再與不合適的人交往」，不如決定在頭幾次約會時不碰酒，以便能好好觀察對方的性格。

聽從內心的直覺

如果一時之間無法設定明確的目標，請別慌張。在繁忙的現代生活中，要弄清楚自己真正想要的，其實並不容易。這時候，「正念」就派上用場了。正念的優點，不只有調節、安撫神經系統，更能讓我們放慢腳步，重新與內在直覺連結。直覺，其實就是你內心那份穩定又篤定的覺察力，你可以把直覺想像成內心深處一個安靜清晰的真理，跟腦中那個愛挑毛病的碎念聲音相反，是你最有智慧的自己在對你說話。

我們常常會在洗澡時靈光乍現，為什麼？因為浴室是一個可以讓思緒自由徜徉的地方，沒有手機、電視、電腦，不受外界所有噪音干擾。因此，我們能夠聽見內心最深處的聲音。

對我來說，散步是最能好好思考的時候。我暫時放下白天的各種身分——心理師、妻子、母親、朋友——給自己一點空間，天馬行空地思考。走在家附近的小徑上，聽我最愛的音樂，總是能提升我的心情、活力和自信。在特別疲憊的日子裡，我會借用麗珠、哈利・史泰爾斯（Harry Styles）和碧昂絲（Beyoncé）等歌手的自信，讓腦中想法流動得更順暢。有時靈感大噴發，還忍不住在途中趕緊停下來做筆記呢！

如果你也需要一些幫助你釐清以價值觀為核心的目標，不妨聽聽直覺的聲音。我提供幾種喚醒直覺的技巧：

- 冥想、做瑜伽，或去圖書館、美術館這類安靜的地方走一走，從事任何能讓你感到平靜和專注的活動。
- 透過素描、繪畫、手作、烹飪、塗鴉發揮創意，啟動大腦的非語言區塊，可以幫助你表達自己，從中獲得新的觀點。
- 多運用五感，再次與周遭環境、當下時刻連結。如此一來，大腦可以短暫休息一下，不再忙著思索過去或未來，你也能更清楚聆聽內在的智慧。你可以試試第三章中介紹的「五、四、三、二、一接地練習」：說出五樣你看到的物品、四樣你感覺到的東西、三種你聽到的聲音、二種你聞到的氣味，以及一種你嚐到的味道。

●回想過去的經驗，問問自己：「那時候是否忽視了內心的直覺？」最近一位個案告訴我，兒時朋友邀她擔任伴娘，她心裡有些猶豫，直覺告訴她應該拒絕，因為她不確定自己和對方是否還那麼親近，甚至是否還喜歡這個人。不過，她討好他人的那一面性格最後主導了決定，她不顧心中的顧慮，答應加入伴娘團。結果她發現，伴娘有許多任務（夏威夷的五天單身女子派對、麗池飯店的香檳新娘派對，以及無休止的群組訊息），她終於承認自己錯了，當伴娘這件事對她造成了財務和情緒的雙重壓力。由於不想背上債務，以及把大量的時間和精力花在一個她並不怎麼喜歡的人身上，她最後選擇退出。這次經驗讓她深深體會到，聆聽直覺真的很重要。

●換個環境，打破原本的生活節奏。置身於新環境中往往能帶來領悟與反思。我自己很喜歡搭地鐵或公車，去沒到過的社區或城市走走，新環境的新鮮感常常能激發不同的創意與靈感。

●投入大自然的懷抱。置身大自然中，感受到寧靜與壯闊，能幫助你遠離心中的雜音和科技的束縛。

●做些稀鬆平常的體力活動，例如散步、跑步、切菜、除草或打掃房子。這種重複的動作可以舒緩感覺，讓你自然地進入更直覺的心境。

把直覺當成一種需要長期累積的練習。練習直覺還有一個好處，就是它能讓你感覺與他人更親近。每當經歷了奇妙的巧合時，我總是又驚喜又感動。比如說，我正準備發送電子郵件給某人時，結果發現對方也正要傳訊息給我。又或者，我與個案竟然正在閱讀同一本書，甚至想到同一個念頭。觸及直覺的時刻總讓我覺得，我們之間真的有某種連結。

改變很難嗎？

即使你設定的目標完全符合核心價值觀，改變仍然是個挑戰。還記得我們的大腦天生喜愛熟悉的事物嗎？這也就是為什麼，你明知道新的行為對自己有益，也符合期待的方向，卻還是無法持之以恆。你可能走了三步卻退後兩步（甚至十五步），看似沒有任何進展。但是請記得，改變不一定是一條直線，反而往往是一個分階段發生的循環過程。因此，有時你會意外走到彎路，有時會走回頭路，甚至原地打轉。

如果你正在思考怎麼改變一些生活習慣，了解「跨理論改變模型」可能會有幫助。這個模型是由詹姆斯·普羅查斯卡（James Prochaska）、約翰·諾克羅斯（John Norcross）和卡洛·迪克萊門特（Carlo DiClemente）提出，他們在《改變從心開始》（*Changing for Good*，暫譯）一書中詳細介紹了這個概念，並描述一個人在改變過程中會經歷的幾個階段。以我努力維持運動的習慣來說，我發現我經常在這些階段來來回回，有時順利地將運動和伸展融入日常，有時卻又力不從心。

無意圖期

這個階段的人，還沒察覺到自己需要改變，也沒打算調整自己的行為，例如一個根本不想戒菸的吸菸者。在這個時期，通常還沒遇過任何嚴重的負面後果，或是對自己的行為抱持否認的態度。

回想我大學和二十出頭那幾年，在運動這件事上，我就是處於「無意圖期」，偶爾和朋友或室友一起上健身房，或是酒後說出我的新年新希望：「那個，各位，今年我一定要練出人生最棒的身材，我發誓！」但大多數時候，我根本沒有真正意識到運動的重要，更遑論知道運動對良好的心理健康有多重要。（現在想起來，真希望我當時就懂！）

意圖期

在這個階段，你開始感覺生活中某些事不太對勁，但對於採取行動仍然猶豫不決。我發現我自己常常停留在這個階段，比方說，我知道多運動對我有好處，但不確定怎麼有效地將運動融入日常之中。通常，在這個階段，我那個跟屁蟲似的內在批評者尼爾森就會插嘴了：

尼爾森：你根本沒時間運動，書的截止日快到了，你只剩下寫、寫、再寫。

莉茲：尼爾森，正因為這樣我才更需要運動啊，運動可以舒緩壓力和焦慮。

尼爾森：是啦，但你搞不好快要死了，到時誰來寫完你的書呢？

莉茲：哈囉，尼爾森！我知道每個人都會死，但我不太可能明天就走了吧。我覺得我應該抽個二十分鐘去散步或騎車。運動可以延長壽命啊，科學已經證明了。

尼爾森：隨便，你就繼續自我安慰吧，懶蟲。你根本沒時間運動，快滾回電腦前寫稿。

莉茲：別再叫我懶蟲了，你這個白痴。

（結局——我有時真的從電腦前站起來，伸伸懶腰或去外面走一走。）

準備期

到了這個階段，你決定認真行動，試著一步步朝改變的方向邁進。你可能會去查資料、做具體計畫、想像改變之後的生活，甚至添購改變所需的裝備。

當我在這個階段時，我會把運動時間寫進行事曆，開始研究各種運動方式。我把運動裝備放在顯眼的地方，走去洗衣服時還常常差點被它絆倒。我也會思考該不該試試皮拉提斯、交叉訓練、芭蕾雕塑、跳舞還是跑步。在這個階段，我還常常買些可愛的健身裝備，告訴自己，穿上花花的緊身褲和新運動鞋，我就是一個認真的健身迷。（到目前為止，這招證實無效，但我大概還是會繼續買。像現在，我就穿著瑜伽褲，但今天完全沒有做瑜伽的打算。）

行動期

顧名思義，這階段就是開始「動起來」的時候。比方說，我會一大早爬起來去散步或上飛輪課，幾次運動下來，無可避免會出現「我超棒」的感覺，心裡有個聲音說：「這也太簡單了吧！我根本可以一輩子都這樣運動下去。」整個人愛上這種新生活模式。

維持期

在這個階段，你開始要為維持新習慣付出努力了。老實說，對我而言，這個階段很不容易。我可能認真堅持新運動計畫一陣子，但人生難免有些意外，像是孩子不幸得了腸胃型感冒。即使我以「徹底接受」的方式面對現實，清理像《大法師》電影場景的狀況，但一整夜都在照顧嘔吐不止的小孩後，我隔天運動的機率根本是零。但這也沒關係，因為生活總有突發狀況。等我幾天後重新恢復運動時，其實還是在這個維持期。

復發期

然後，真正的挑戰來了。第二個孩子也病了，我又剛好有重要的工作任務要處理，結果整整一週沒運動，進入了改變的復發期：又回到老習慣了，寧可睡懶覺、看地方新聞，也不想運動流汗。但是，這不代表我失敗了，也不會抹煞之前的所有努力。復發是改變歷程中常有的事。

當我發現老毛病又犯了時，我會選擇把它當成一個成長的機會，藉此練習自我疼惜。我發現，一邊處理所有責任、一邊期待事事都完美，是不切實際的。我也會再想想，哪些做法有效、哪些沒用。舉例來說，長時間運動對現階段的我來說不太可行，於是我嘗試在日常生活中穿插短暫的活動，例如在兩名個案之間做點伸展操、走一走，或者煮咖啡時對著流理臺做幾下伏地挺身，藉此克服復發，慢慢回到軌道上。人生的重點，不是要你同時把所有的球都完美地拋在空中，而是當你不小心掉了一顆，你願不願意彎下腰把它撿起來。我一直相信，自己總能重新出發。

終止期

在這個階段，你有信心能維持健康的新習慣，不用費太多努力或自我提醒，就能長久保持下去。不只回到舊行為模式的誘惑消失了，你也建立起全新的自我形象。老實說，在運動這件事上，我還沒有達到這個階段，無法毫不費力地將體能活動融入生活之中。如果你辦到了，麻煩讓我知道一下，像網球運動員小威廉斯（Serena Williams）一樣，那究竟是怎樣的感覺。

不過，我與酒精的關係倒是真的走到了終點。最初萌生戒酒的念頭時，我在準備期停留了很久，閱讀各種戒酒書（所謂的「戒酒文學」）。有一年多的時間，我在「滴酒不沾」與「適量飲用」兩個目標之間反覆掙扎，最後，我選了一個日子，斷得乾乾淨淨。自此以後，幾乎不曾感到任何渴望或誘惑，也開始真的把自己視為一個「不喝酒的人」。我會再喝酒？應該不會了，因為我已經完成這個改變的循環。

思考×行動小練習

1 使用本章提供的價值清單，找出你最重要的兩個核心價值觀。

2 針對這兩個核心價值觀，設定兩個SMART目標，並在生活中落實。請一定要明確設定今天、本週、本月和今年，分別能夠做些什麼行動。

3 想一想，如何利用改變模式的各個階段建立一個新的健康習慣，你目前又處於哪個階段呢？

Chapter 9

如果你想尋找心理師

你無法回到過去重新開始，

但你可以從現在開始，

寫下全新的結局。

——詹姆斯·R·謝曼（James R. Sherman）

想了解更多嗎？

有很多自助方法可以調整自己的心理健康，但你或許會選擇勇敢踏出那一步，尋求專業的諮商治療。也許你正經歷人生的某個階段，覺得自己無法再獨自撐下去，需要多一點的協助，這真的沒什麼好丟臉的。想想看，如果你罹患癌症或心臟病，沒有人會期望你自己設法痊癒，心理健康問題也是一樣的道理。如果你正處於以下情況，可能代表你需要尋求專業的心理諮商協助：

- 日常生活已經變得無法應付
- 整個人覺得卡住了，怎麼也無法前進
- 人際關係非常糟糕
- 有自殘或自殺的念頭
- 身邊信任的親友建議你試著諮商看看

在這個時代，要找到一位合適的心理師真的不太容易，因為僧多粥少、個案候補名單又相當長。然而，若知道該從哪裡開始、要找怎樣的心理師、該問哪些問題，這個過程會順利許多。最好的起點之一就是問問身邊的人。如果你有朋友在心理健康領域工作，可以請他們幫忙推薦幾位可能適合你的臨床心理師或診所，也可以向家庭醫師或婦產科醫師詢問相關名單。我發現，社交媒體上的地方社團，也是一個資訊來源。但是，請務必自己做好功課，確認朋友或社群推薦的人選是否適合自己。

如果你的朋友無法幫忙推薦也沒關係，可以直接上網查詢持有執照的心理師名單，依照地區、專業領域、學歷、經歷等條件來篩選適合人選。如果你人在美國，「Psychology Today」和「therapist.com」都是不錯的起點。*或許你也會發現，與特定性別、種族、文化背景、宗教或性取向的心理師合作，你會比較自在。還有，在選擇時，別忘了考慮地點與交通便利度。有些心理師提供面對面的諮詢，

---

* 在臺灣可至「衛生福利部醫事查詢系統—醫事人員查詢」網站：https://ma.mohw.gov.tw/Accessibility/DOCSearch/MASearchDOC

有些可以提供遠距諮商。

另外，你也需要仔細確認心理師是否具有專業資格，比如有正式的心理諮商執照。合格的心理健康專業人員，必須通過專業考試取得執照，還得持續進修才能保持執照效力，同時也要遵守法律與專業倫理。而健康教練、生活教練或健身教練等職業，不必遵守與持照心理師一樣嚴格的法規和倫理。因此，在找「生活教練」之前，請務必特別注意對方的經歷和專業背景。我某個朋友的前男友，到目前為止沒有一份工作能做超過兩個月，靠喝巧克力蛋白飲混日子，現在居然自稱是生活教練，到處推銷自己。但我也有另一位好友，正向心理學碩士畢業，是位非常專業的生活教練。所以，買服務之前務必睜大眼睛！

在美國，合格的諮商心理師或臨床心理師通常具備以下資格*：

- 心理學家（PsyD或PhD）
- 精神科醫師（MD或DO，雖然有些精神科醫師會提供心理諮商，但多數以開立和管理心理健康藥物為主）
- 執照臨床社會工作師（LICSW或LCSW）

● 有執照的婚姻與家庭心理師（LMFT）
● 有執照的專業輔導師（LPC）
● 有執照的臨床酒精與毒品濫用輔導師（LCADAC）

怎麼找到適合的心理師

心理諮商有沒有效，最關鍵還是在於你與心理師之間的契合度。你需要滿意你們的關係，也需要相信心理師是真心為你著想，無論你正在經歷什麼，都能感受到對方對你的尊重。如果你無法信任心理師，無法敞開心扉，那麼根本無法談論你的困擾或不舒服的情緒。

＊在臺灣，須經國家高考執照及格方可從業的心理相關專業人員有：精神科醫師（醫師執照）、臨床心理師（臨床心理師執照）、諮商心理師（諮商心理師執照）。

每位心理師都有不同的風格和個性。像我自己，通常會給個案建議、肯定、回饋，也會做心理教育。我可能會說說話、唱唱歌、比些誇張的手勢，偶爾還會幫個案替內在批評者取個好笑的名字。有些心理師則傾向於傾聽，陪著個案反省，引導他自己找到答案。還有一些心理師會點香氛蠟燭，準備九十七種花草茶，披著鮮豔的鉤織披肩。你必須找到最適合你的風格。我了解我的風格不適合每個人，如果有人與我聊過後，決定去找其他人，完全不成問題！我的目標是，個案無論是與我還是其他心理師合作，都能擁有最佳的治療體驗。

在找心理師時，你可以提出一些問題，來確定這個人是否適合自己。在安排第一次晤談之前，你可以透過電子郵件或先通個電話來「面試」他們，看看與這個人互動的感覺好不好，這些都沒有問題。你可以對候選名單上的心理師提出以下問題：

- 你的專業訓練、教育背景和經驗是什麼？
- 通常諮商過程如何進行？我可以期待什麼？
- 你是否特別專長處理某些特定的議題？

- 你提供哪種類型的心理諮商？一般是如何進行？
- 你的方式是否適合我想要解決的問題？
- 我如何知道自己何時可以結束諮商？
- 你有提供遠距諮商嗎？還是只接受現場面談？
- 費用怎麼算？付款方式有什麼選擇？有接受保險嗎？

你也要評估一下，這位心理健康專業人士是否具備應有的素養。畢竟，不是每一個心理健康專業人士都是一樣的，我自然希望你能遇到適合自己的。有的心理師擁有許多學位，甚至具有博士頭銜，但未必比碩士級別的專業人士更適合你。在第一次見面，或是治療初期的互動中，你可以觀察對方是不是具備以下這些特質：

- 展現溫暖和同理心
- 聽你分享煩惱的時候，不會指指點點
- 有明確的專業界線

- 不會硬要當你的朋友，也不會把談話內容拉到自己身上
- 掌握心理健康的最新研究與趨勢
- 除了談話以外，也會推薦資源、書籍和活動供你參考
- 保護你的隱私
- 定期關心你對諮商過程的感受
- 記得你在之前談話中分享的重要事情
- 談話中很專心
- 以你的目標為第一
- 提出讓你深思的問題

我有個同事曾把初期的心理諮商比喻成逛街購物。通常買東西有三十天的猶豫期，你可以決定要保留、換貨或是退掉。諮商也是一樣，如果頭幾次談話感覺不錯，就可以放心地繼續與這位心理師合作。但如果聊了幾次，覺得他不太適合，你也可以再去找找其他心理師。

如果你認為目前的心理師無法滿足你的需求，我會建議你，在換人之前，先

在談話中提出你的疑慮。雖然你可能覺得直接偷偷消失比較輕鬆，但這位心理師或許其實還不錯，只是你們需要再溝通，才能達成共識。就像你不喜歡去年夏天在海邊遇到的那位女孩突然不連絡了，心理師同樣也會在意個案刻意「人間蒸發」。我們心理師其實更希望有機會調整方式，或提供個案其他資源。如果你能讓心理師知道哪些地方沒有幫到你，他們可以再釐清你的目標，或調整治療方式，讓成效更顯著。如果這樣還是無法達到預期的改善，那麼你可以考慮換個適合自己的心理師。

你或許覺得，現階段的自己不適合繼續做心理諮商，這很正常，諮商過程有時確實令人感到難受和不舒服。許多人在諮詢過程中，會聊到一些從未對他人說過的心事，在建立信任和默契之後，心理師或許會挑戰你、推你一把，希望你能對自己期望的改變負起責任。所以停止諮商之前，請務必確保，你不是因為不願面對內心深處的自我，或是想逃避成長所需的情感努力才中止的。

誰能真正聽懂我的心？

在美國，心理健康專業圈嚴重缺乏多元性。如果你是少數族群或邊緣社群，要找到一位能夠代表你，或懂你的語言的心理師，無疑是非常困難的，甚至不太可能。花點時間查一下大多數心理健康服務提供者的名單，你就會發現，十之八九都是白人女性笑盈盈的照片，讓人聯想到泰勒絲（Taylor Swift）在〈反英雄〉（*Anti-Hero*）中唱的那句：「是我，嗨。是我，問題就是我。」

二〇一九年，美國有百分之七十的社會工作者和百分之八十八的心理師是白人，而美國人口有百分之四十是非白人。[24]這一點有什麼差呢？作家兼心理師喬爾・卡拉巴洛（Jor-El Caraballo）曾告訴我：「有色人種在進入治療空間時，經常會對服務提供者及對方是否有能力提供適當協助產生懷疑，這很正常。這種質疑根源於當前和歷史上的醫療與健康實踐。」[25]有色人種或少數族群的成員，通常必須「教」自己的心理師，讓他們了解自己的經驗及文化背景。微歧視、種族歧視、貧富差距這些事，往往很難與沒有親身經歷過的人討論。此外，心理健康專業人士多是白人的事實，也會影響到學院裡在輔導與心理學課程中所教授的內容、執照考試題目、學術界研究心理健康議題的方向。卡拉巴洛向我解釋說：「白人心理師縱使充滿善意，也很難真正體會有色人種——像是黑人——在沒被納入考量的空間與制度中穿梭時所承受的情感勞動。」所以，心理師得不停地進修、研究、實地調查，努力認識服務對象的文化和社群，才能提供一個安全的治療空間。如果你是有色人種，在尋找有「文化謙遜」的心理師時，請別感到不好意思，因為具文化謙遜的心理師，會不斷自我反省、檢討，以及察覺自己的偏見、特權與信念，意識到社會權力結構和不平等，並且有意願處理這些差異。這樣的心理師才有辦法理解你的獨特經歷。

如今大家越來越重視心理健康從業人士的多元性，但老實講，我們還有很長的一條路要走。不過，在這個過渡期，你還是有一些方法幫助自己找到更適合的心理師：

- 先把你希望在諮商中解決的問題寫下來，這樣比較容易找到有相關經驗的心理師。

- 如果你人在美國，可以上專門針對BIPOC（有色人種及少數族群）的心理師名單去找，像是：「有色人種臨床工作者」（Clinicians of Color）、「多元包容治療師」（Inclusive Therapists）、「亞洲心理健康聯盟名錄」（Asian Mental Health Collective Directory）、「拉丁裔心理治療資源」（Latinx Therapy）、「黑女孩心理治療」（Therapy for Black Girls）、「鮑里斯・勞倫斯・亨森基金會」（Boris Lawrence Henson Foundation）、「黑人心理健康聯盟」（Black Mental Health Alliance）這些網站。
- 評估心理師和少數族裔或弱勢族群互動時的態度跟專業度，比如願不願意回答這方面的經驗？他們討論這類議題時會用什麼語言？心理師的網站或社群平臺上，有沒有出現跟你背景相似的人的照片？
- 詢問心理師有沒有協助過BIPOC面對社會重大新聞事件或危機的經驗。
- 詢問心理師如何在諮商過程中帶入社會正義的相關議題。

諮商前的準備：你的第一次諮商

你對治療的投入和參與程度越高，收穫就會越豐富。一切從準備第一次諮商時就開始了。建議你先記下想聊的問題，比較不會忘記相關細節。還有，帶著你目前的藥單和健康記錄。即使心理師不是醫師，他們還是希望知道任何可能影響你心理健康的藥物或健康狀況。

第一次諮商時，心理師通常會問你為什麼想來談。不要害怕，坦誠回答就好。心理師會很感謝你詳細說明症狀從何時開始，又如何影響你的日常生活和目標。如果你在社交媒體上看過討論某些心理健康症狀的影片，發現裡面的描述跟你很像，也可以向心理師提出這點。我也會問問個案平常有沒有喝酒或用藥，以及每天花多少時間在手機和其他科技產品上。回答這類問題可能會讓你感到有些尷尬，但心理師不會批評你，他只是收集資訊，好為你規畫能讓你感覺更良好的療程。

而我一定會問個案，對他們而言，什麼是成功的療程，這能讓我更清楚了解他們的需求，並設立合作期間的潛在目標。你不妨花點時間想像一下，如果某天一覺醒來，所有困擾你的問題都神奇地消失了，你的生活會有什麼不同或改善？你的習慣和日常會出現什麼變化？你希望哪些事多做一點、哪些事少做一點呢？

也請你思考一下對於治療的期望。例如，你是喜歡慢慢來，拉長治療時間？還是偏好快速、短期、直接解決問題的路線呢？你想多聊一點過去，還是更專注眼前，或者兩者都想兼顧呢？最後，也可以想想看，你希望心理師用什麼方式跟你互動：是多一點傾聽和陪伴？還是希望有更多反思的空間？又或者你需要比較積極的回饋和建議？還是說，其實你喜歡這些風格混合搭配？

諮商時可以討論什麼？（或自己可以先想一想的問題）

如果你從未做過心理諮商，可能會不確定諮商過程中自己可以講什麼。放心，任何你想談的事情都可以提出來，正如我之前提到的，心理師不會批評你，也不會覺得你很奇怪。（如果你真的覺得心理師批評你，請在諮商中直接提出來，或者考慮換個心理師吧。）以下列出幾個可以幫助開啟對話的主題：

- 你最大的恐懼與失望
- 你的過去如何影響今日的你
- 經歷過的創傷事件
- 你的目標、希望和夢想
- 家庭狀況
- 經歷過的失落與轉變
- 讓你感到尷尬或羞愧的事
- 生命中最重要的人
- 你容易生氣、煩躁或不耐的時刻
- 你的時間都花在哪裡
- 你最討厭的事情或情緒觸發點
- 你對自己、他人和世界的看法

● 你如何面對壓力
● 科技和社交媒體在你生活中的角色
● 你的行為模式
● 讓你興奮、喜悅或好奇的事物
● 腦海中最近常有的想法

不要害怕在諮商中提起「小事」。通常，你認為微不足道或沒有意義的事，可能藏著一個更重要的習慣或問題。身為心理師，我的工作就是拿起一面鏡子，反射我聽到的內容，讓你可以建立連結，對自己的內心有更深的體悟。像我有一位新個案艾麗克絲，她有次隨口對我說：「我最近常滑手機。」我順著這句話問下去，發現她晚上常常靠TikTok轉移注意力，逃避工作壓力。她熬夜不睡的結果，導致隔天起床非常疲憊，也很難調節情緒，更沒力氣參與原本喜歡的活動，例如拳擊、酒吧知識競賽和下廚。由於艾麗克絲在談話中無意間提到她使用手機的情況，我們才有機會討論怎麼更有意識地使用科技產品，例如晚上把手機留在廚房充電、設定「勿打擾」模式等。一句不經意的話，開啟了一場對話，最後竟然啟動了艾麗克絲生活中一連串積極的改變。

有時個案會問我，是否需要為諮商提早做些準備，其實這完全取決於你。有些人來了，想到什麼就聊什麼；有些人會記下當週的想法當作開場；也有些人會討論最近讀到的文章或書籍，說說哪些內容引發他們自我反省，或是喚起內心的某些感受。心理諮商沒有絕對正確或錯誤的進行方式，但我會鼓勵你記下每次諮商後的心得，之後回頭再看，也能更清楚自己的成長。

如果預算有限，如何負擔心理諮商？

當你想做心理諮商，但財務狀況不允許時，該怎麼辦呢？這確實需要一些努力和堅持，但不用灰心，還是有些方法能減輕心理健康治療的負擔。比如以下幾個值得考慮的行動：

與心理師討論你的財務狀況

如果最近經濟比較吃緊，可以直接告訴你的心理師。他們或許願意配合你，像是拉長諮商間隔，讓你比較能夠負擔；或是設計你可以在兩次諮商之間自己練習的「回家功課」，讓你持續進步。另外，有些心理師也能提供必要的文件，幫你申請保險理賠。

詢問心理師是否提供分級收費或免費諮商的名額

有些心理師會分級收費，也就是根據個案收入調整費用。此外，很多心理師會為經濟困難的個案保留一至兩個免費諮商名額。

查詢你的保險或公司員工福利

我知道，沒有人想浪費寶貴的時間在電話上聽改編自八〇年代名曲的音樂，等待真人接起你的電話。但是，如果你有保險，真的建議你打電話去問問，或上保險公司網站，好好了解你的福利。有越來越多的保險開始包含心理健康福利，比如談話治療、精神治療、住院、日間留院照護、藥物濫用治療、急診或危機介入服務等等。此外，也可以問一下公司的人事部門，看看員工福利是否提供短期諮商和其他健康相關的福利。

善用社區的心理健康資源

各地的非營利社區健康組織，通常有提供比較親民實惠的治療選擇，因為這類機構可能會有政府或民間單位的補助及捐款，針對有需要的民眾提供服務。一般來說，各地的衛生或社會服務部門會在網站上列出這些組織名單，有些組織還會針對特定狀況提供專門的協助。我曾在一家非營利機構工作，主要服務對象是犯罪和創傷的受害者、遭受人際暴力和性暴力的人，還有失親的孩子。那裡的收費很低廉，有時甚至是免費的。

考慮受訓中的心理師

許多大專院校和非營利的諮詢中心提供收費低廉，甚至是免費的心理諮商，通常由正在受訓的心理師來服務。這些實習心理師多是研究所學生，由持有執照的心理健康專業人士全程督導。千萬不要因為他們經驗較少而卻步，實習心理師往往充滿熱忱，而且合作個案比正式執業的心理師少，反而更能用心解決你的困擾。此外，督導老師的指導通常比一般私人執業心理師還要嚴格，而他們也會持續學習最新的治療方法、研究成果並閱讀相關書籍。

嘗試團體治療

團體治療通常比個別治療更省錢，由一位或多位心理師帶領一小群人（人數通常為六至十二人），以促進正向改變和個人成長為目標。好處與個別治療相同，效果也很不錯。此外，團體治療有助於減少心理健康問題所帶來的孤單感，讓你與類似困境的人建立關係，也是一個練習不同溝通方式的寶貴機會。

參加互助團體

不管是線上還是實體的互助團體都很有幫助，特別是當你面對人際暴力、成癮、悲傷、照護責任或特定疾病等問題時。聽聽他人的故事，可以讓你感覺自己不是一個人。像「崔佛計畫」（The Trevor Project）的「崔佛空間線上社群平臺」（TrevorSpace），就是一個專門為LGBTQIA+年輕人設計的安全支持空間。互助團體也是分享資源、交流調適方法的好地方。不過，加入之前，你最好先了解該團體的運作管理方式，確保那是一個安全的情緒分享空間。與團體治療不一樣的地方是，互助團體不一定由持有執照的心理健康專業人士帶領，通常由有經驗的同儕或志工負責。

善用危機專線

許多人都知道有自殺防治專線和即時線上文字協談服務，但其實也有針對其他議題的危機預防專線可供求助，如毒癮、賭博、感染人類免疫缺乏病毒／罹患愛滋病、性侵害、家暴、虐待兒童以及飲食障礙等議題。有些專線甚至是為特定族群設立的，例如退伍軍人、LGBTQIA+族群、青少年、年輕人等。以下是幾個美國地區可使用的危機專線*：

- 兒童援助組織全美兒童虐待熱線（Childhelp National Child Abuse Hotline）：1-800-422-4453
- 危機簡訊專線（Crisis Text Line）：傳送「HOME」到 741741
- 全美家庭暴力熱線（National Domestic Violence Hotline）：1-800-799-7233
- 全美性侵害熱線（National Sexual Assault Hotline）：1-800-656-4673
- 自殺與危機生命線（National Suicide and Crisis Lifeline）：撥打 988
- 美國藥物濫用暨心理健康服務署熱線（SAMHSA's National Helpline）：1-800-662-4357
- 崔佛計畫青少年 LGBTQ 危機支援：1-866-488-7386
- 退伍軍人危機專線（Veterans Crisis Line）：撥打 988，然後按 1

撥打專線時，接線人員會先確認你是否願意與受過訓練的志工或接線員對話，也會向你說明服務內容。你可以分享正在經歷的困擾、想法和情緒，接線員會一直在線上陪你，直到你感到比較安心、情緒穩定為止。很多人會擔心自己的情緒或情況是否「嚴重到」可以撥打專線，其實判斷方式很簡單：只要你有這個念頭，那就打吧！

線上心理諮商也可以考慮

隨著科技進步，線上心理諮商變得比以往更普及。有許多ＡＰＰ能讓你隨時傳送文字或語音訊息給心理師，不管是單純抒發情緒還是討論某個問題，都很方便。這類ＡＰＰ通常也有視訊通話的功能，服務多半採訂閱制，可以選擇月繳或

＊臺灣危機專線：1925 安心專線（情緒困擾、自殺防治、心理支持）、1980 張老師專線（情緒困擾、壓力調適）、1995 生命線（自殺防治、情緒支持）、113 保護專線（家暴、兒少虐待、性侵害通報與協助），以及毒品危害防制中心諮詢專線（酒癮、藥癮）0800-770-885、同志諮詢熱線協會02-2392-1970。此外，也有「謝謝你跟我說—全台生命線青少年心理健康網路支持平台」的線上文字協談。

年繳。不過有件事必須記住，線上諮商的效果，與你媒合到的心理師是否適合你非常有關。你可能需要換好幾位心理師，才能找到真正適合自己的那一位。選擇線上心理諮商，建議用與選擇心理諮商APP一樣的標準來評估（本章稍後將進一步討論）。

檢視一下你的預算

不是每個人都做得到，但可以的話，不妨想想，有沒有哪幾項開銷是可以調整的（即使只是短期），改挪到心理諮商上呢？我們往往把錢花在自以為會很開心的事情上，例如酒、外食、衝動性購物、花俏的健身裝備、度假、美甲或足部保養等等。但這些方式通常只能帶來短暫的療癒，久了只會讓荷包越來越扁。心理諮商則能幫助你，找出不用花錢的方式來調節壓力。

其他促進心理健康的活動

如果暫時無法做心理諮商，還是有很多能幫助自己的方法。只要能夠減少孤單感、促進身體活動、提升自信、發揮創意、讓你專注在當下，或者帶來樂趣與意義的活動，對心理健康都會很有幫助。但是，最重要的還是忠於自己，選擇真正喜愛的活動。如果你不愛看書，就不要硬是加入讀書會；如果你對運動沒興趣，也不用勉強自己去打球。

加入自助書友會

閱讀心理健康的書，是促進反省與學習調適策略的絕佳方式。你也可以邀幾位對自我照顧、心理健康或自我探索有興趣的朋友，定期聚會，聊聊這類主題的書。書友會不只能讓你從閱讀中獲得啟發，又能透過交流心得建立連結、獲得支持，還可以趁機做點好吃的小點心和大家一塊享用！比如，我會去超市買些布里起司和菠菜沾醬，再搭配酥皮小點心招待大家。

我得承認自己可能有點偏心，你現在手中拿著的這本書，也許就是發起書友會的絕佳選擇。不過，還有幾本同樣精彩的書籍，值得一讀：

- 《設限，才有好關係》，內達拉・格洛弗・塔瓦布（Nedra Glover Tawwab）著
- 《快樂是一種陷阱》，羅斯・哈里斯（Russ Harris）著
- 《也許你該找人聊聊》，蘿蕊・葛利布（Lori Gottlieb）著
- 《情緒ＯＫ繃：日常心理創傷急救方》，蓋・溫奇（Guy Winch）著
- 《療癒破碎的心》，露易絲・海、大衛・凱斯勒著
- 《不完美的禮物》，布芮尼・布朗著
- 《情緒耗竭》，艾蜜莉・納高斯基、艾米莉亞・納高斯基著
- 《陰影練習手冊》（*The Shadow Work Workbook: Self-Care Exercises for Healing Your Trauma and Exploring Your Hidden Self*，暫譯），喬爾・卡拉巴洛著
- 《感覺更好：對抗憂鬱與焦慮的革命性新療法》（*Feeling Great: The Revolutionary New Treatment for Depression and Anxiety*，暫譯），大衛・D・伯恩斯（David D. Burns）

嘗試即興表演

即興表演是一種表演藝術，表演者現場即興創作故事和情境，內容通常偏向喜劇。其實，即興表演帶來的好處，不只是在臺上搞笑的能力。很多上過即興表演課的人都說課程非常有趣，充滿了歡笑與歡樂，這對心理健康幫助很大。比方說，即興能讓你嘗試各種不同的角色，探索自己在這個世界中能擁有的不同樣貌與可能。即興表演也提供你犯錯空間，練習徹底接納自己，進一步提升自信與自我接納。即使你不打算走表演這條路，即興表演也能教會你許多重要的人生技能，例如：

- 適應環境變化的能力
- 提升專注力和注意力
- 與他人合作，建立良好關係
- 提升換位思考的能力
- 更會傾聽他人

● 提升情緒智商
● 用創意思考
● 增強領導力
● 在眾人面前發言更自在

探索不同的創意活動

不管是舞蹈團、園藝社、樂團、志工組織，或是攝影課程，找個沒有壓力、大家都很包容的團體，除了獲得歸屬感以外，還能幫助你在生活中找到其他意義，甚至有機會進入心流的超然境界。像我昨晚去看了華盛頓男聲合唱團和GenOUT青年合唱團的演出，為他們的音樂才華深深感動；能在現場感受一個致力於推動多元、平等、正義與包容的團體，真是莫大的榮幸。所以，請繼續尋找，直到你遇見那群讓你感覺「這裡就是我的地方」的夥伴。

加入運動團體

不論是娛樂性質較高的足球、踢球、飛盤社，還是社區的壘球隊，我有許多個案因為加入運動團體而找到了生活的意義。他們非常享受這個既能活動身體又可結識新朋友的機會。比賽結束後，大家也常常結伴去吃飯、小酌。加入運動團體，不只可以擁有一個與他人交流的空間，同時也讓日常生活多一點規律，對於心理健康確實有非常正面的影響。

善用心理健康APP

雖然我們常被說滑太多手機了，但其實手機中有不少對心理健康很有幫助的好工具，像是簡單的正念練習、冥想引導、控制焦慮或強迫症的工具，應有盡有。也有一些幫助你追蹤自我照顧的習慣、每日情緒的記錄，以及提供日記提示的APP。如：Calm、Happify、Headspace、PTSD Coach、The Mindfulness App和Insight Timer都是不錯的選擇。

在挑選適合自己的心理健康APP時，有以下幾點建議：

一、先做一點功課，查查這款ＡＰＰ是誰開發的、資金來源為何？有沒有任何利益衝突？舉例來說，你應該不想下載糖果公司或速食集團資助的健康飲食ＡＰＰ。

二、注意有沒有隱藏費用或訂閱陷阱，免得下載後才發現要付費。我曾經興沖沖下載一個標榜「免費」的ＡＰＰ，結果試用期一過，要繼續使用有趣又實用的內容，就會被收取十二塊九毛九美金的月費。有時我願意付費，但有時候嘛……我寧願把那筆錢拿去滿足我熱愛買鞋的小嗜好。春天穿上新的厚底鞋？當然要啊！

三、若ＡＰＰ索取你的個人健康資訊，記得先考慮隱私與資訊安全。了解它如何使用以及保護你的資料。根據美國一九六六年《健康保險流通與責任法案》（HIPAA），個人的健康資訊受到聯邦法律保護，你也有權知道你的健康資訊被如何使用與保護。如果ＡＰＰ沒清楚說明如何保護你的個人資訊，那可能是一個警訊，提示你應該考慮其他選擇。

四、看看ＡＰＰ有沒有臨床研究或科學實證支持，你要確定它背後有可靠的科學根據，而不只是介面漂亮。

五、問問自己，你真的會經常使用這款APP嗎？如果你打算花辛苦賺來的錢訂閱，這點尤其重要。要讓大腦產生正向改變，需要長期且穩定的累積。簡單來說，比起一個月冥想一次四十五分鐘，我寧願你每天花五分鐘練習。如果你覺得這個APP很難融入日常生活，那幫自己一個忙，不如別下載了。

六、確認是否能讓你將它收集的資料記錄分享給醫療專業人士。比如，如果它會測量你的焦慮程度或追蹤長期的情緒變化，你能否列印或下載這些圖表，提供給心理師或精神科醫師參考？

決定藥物治療是否適合你

我有一些個案非常認真投入心理諮商，在調整自己對於負面思考的反應上有很大的進步，也成功設立健康的人際界線，並開始實踐健康的生活方式，比如重視睡眠品質、規律運動、冥想練習等等。不過，也有些人即使很努力了，依然覺得自己的心理狀態得不到預期的改善。在這個階段，我通常會建議他們考慮看看，是否要把藥物當成輔助管理心理健康的方法。我會鼓勵他們與家庭醫師、精神科醫師或精神科專科護理師聊聊，去做精神科藥物的評估和測試。

精神科藥物很少能一舉解決所有的心理困擾，但確實可以成為整體心理照顧計畫中非常重要的一環。適當的藥物，有時是生活的正向推力，能讓一個人擁有多一點的能量與空間做出改變。我的個案桑雅，有兩個年幼孩子，她從國中八年級起就有輕度的憂鬱症，一直靠運動和創作（像是素描與畫畫）來穩定狀況。她換了新工作後，生活變得越來越忙碌，加上找不到可靠的托育資源與缺乏獨處的時間，桑雅覺得自己好像在跑滾輪的倉鼠，生活完全沒有樂趣可言。她每天晚上八點半就上床睡覺，早上六點半起床，即使如此，還是覺得疲憊不堪。後來她與精神科醫師討論，決定開始服用低劑量的抗憂鬱藥物，結果整個人變得精神多了，也更容易控制她的憂鬱症狀。

可惜的是，精神科藥物的「汙名」仍然存在。很多人會覺得，心理問題就該靠自己解決、自己撐過去。但是，如果你有糖尿病，你不會只靠飲食和運動，不打胰島素吧？或是扭傷了腳踝，也不會只靠「忍一忍」、「堅強一點」或「想開一點」來面對，通常會服用止痛藥，搭配冰敷、休息、抬高患部來幫助復原。在這方面，心理健康其實和身體傷害沒什麼不同，你可以讓自己擁有所有必要的方法，讓自己好起來。

說真的，有很長一段時間，我自己也抗拒用藥來控制憂鬱症狀。如同許多人，我也相信只要多運動、正向思考、把生活顧好就能改善。這些方法對我確實很重要，也真的有幫助。但沒有藥物時，我總是更難做回真正的自己，經常陷入負面思考，整個人變得沒什麼能量——你知道我超愛麗珠，但在這種時候，即使是她的歌也激不起我的活力。我連澆花都沒力氣，家裡的植物也跟著枯萎，生活中的一切，彷彿都在默默反映我內在的疲憊。要開始或完成一個專案變得好困難，連最簡單的小事，像是預約眼科、查看信件都讓人覺得力不從心。脾氣也變得暴躁，不好相處，於是我更不想找朋友出來，免得讓他們被我的颱風尾掃到。藥物不是什麼神奇魔術棒，但它真的給我更多空間去做我覺得像自己的事情。

當然，所有藥物都可能有副作用，精神科藥物也不例外。視服用的藥物而定，副作用可能是容易疲倦、體重改變、失眠、口乾、便祕，甚至影響性功能等等。因此，在開始前，記得和開藥的醫師詳細討論利弊。另一方面，你也可以和心理師討論適應副作用的方法。

接下來呢？

現在，你已經有了改善心理健康的新資訊，心裡可能會冒出一個大問號：**那我接下來該怎麼做**？或許你感到有點壓力，不知道該從哪裡開始。其實，沒有所謂「正確」或「錯誤」的開始方式，只要選一個讓你有感的小步驟，把注意力放在那裡就好。如果你對「對抗內在的批評聲音」那部分很有共鳴，那就從觀察自己的負面想法開始吧，看看能不能挑戰或調整自己的想法。如果你對「大腦如何產生情緒」特別有興趣，可以試試調節神經系統的方法，比如冥想和接地練習。也許一週設定一個新的自我照顧習慣，比如每天早上喝完咖啡、吃完早餐之後再查看郵件或訊息。一個正面的改變會牽動另一個，之後，你會越來越有動力。

我為你加油

很多個案做心理諮商，往往是因為擔心自己太焦慮、心情太低落，覺得自己應該要快樂一點、有活力一點。但說真的，大多數的個案只是對這個「異常」（甚至可以說是超級亂七八糟）的世界做出非常正常的反應。他們沒有壞掉，也不是有缺陷，更不是懶惰。你也一樣。

在這個時代，覺得情緒強烈到無法承受的地步，是一種非常自然的反應，畢竟我們不時要面對槍枝暴力威脅、全球疫情、氣候變化、歧視、種族與政治緊張、經濟不穩定、身體自主權受到侵犯，以及人權倒退，還有現代社會「拚命文化」不斷給我們必須成功的壓力。又拜現代科技所賜，我們隨時隨地都能收到這類災難和社會期望的最新消息。與遠古祖先不同，我們面對的這些威脅，不是靠逃跑或閃避就能躲過的，這些威脅直逼大腦和神經系統的負荷上限，在這種環境下，大多數人的表現已經很了不起了。

你的任務，就是學會在這個瘋狂的世界中好好活著，設法保護自己，不讓現代生活的龐大壓力把你壓垮。守住能量和清晰的腦袋、保持同理心，持續為更好的未來發聲與努力。如果你已經被壓到停擺、麻木、感到筋疲力盡，甚至跟自己的價值觀失去了連結，那麼一切真的會變得很難改變。

人生一定有痛苦、有挑戰，這是人類的宿命，誰也無法改變。但你有很多方式可以減輕自己的痛苦，像是更用心照顧自己、挑戰不健康的想法、管理情緒、用心經營人際關係、設定健康的人際界線、在生活中創造出意義。你可以從愛自己開始，先療癒自己，再去關懷朋友、家人、社群、國家，甚至整個世界。

這本書即將接近尾聲了，尼爾森自然也想趕緊插個嘴，代表所有其他的內在批評者說幾句話：

莉茲：好啦，尼爾森，你想說什麼？

尼爾森：欸，身為你的內在批評者，我知道我有時候真的很討厭。

莉茲：不只討厭吧。

尼爾森：我不想當壞人啦，我不是要嚇你，也不是故意要惹人厭。

莉茲：我知道啦。

尼爾森：我跟其他所有的內在批評者一樣，其實只是想保護你，不讓你受傷、不讓你尷尬、不讓你被拒絕。我們其實沒有你想像中那麼厲害，只是很焦慮、很害怕而已。

莉茲：我懂，謝謝你，尼爾森。我知道你是為了我好，但你不用這麼辛苦。我愛你，朋友，我們沒事的。

尼爾森：我知道，我也愛你。

最後，請給自己拍拍手，因為你願意花時間讀完這本書，認真思考自己的心理健康。你本來可以滑手機、喝啤酒，讓生活隨便過下去，但你沒有。你選擇了行動，選擇讓自己過得更好，讓生活更有意義、更有方向。這很重要，我真心為你加油！

思考×行動小練習

1 下一步——即使再小的一步也沒關係——什麼是有助於改善心理健康的合適行動？

2 你是否覺得生活中需要一些額外的支持？是什麼樣的支持？如何向朋友、家人或社群尋求幫助呢？

3 讀了這本書後，你最大的三個收穫是什麼？

致謝

寫一本書需要許多人的協助，我非常幸運，擁有一些非常厲害的夥伴。我衷心感謝Bridge City Books和PESI Publishing的所有成員，特別是Kayla Church和Karsyn Morse，感謝你們給予我這個機會。我也要特別感謝無與倫比的Jenessa Jackson擔任我的編輯，還有Emily Dyer負責設計。謝謝Jenessa和Emily，你們讓這本書超越了我最初的想像！PESI團隊的每一個人，不僅工作表現一流，也是我所遇過最親切的一群人。

感謝在華盛頓特區心理諮商網絡研討會中，所有讓我聆聽、學習、見識到的傑出演講者，謝謝你們與世界分享知識，深深啟發了我。

謝謝Christopher Willard博士和Mitch Abblett博士，沒有你們的教導、指引和熱情，這本書是不可能完成的。參加你們的工作坊，才點燃這個寫作計畫的火花。

再來謝謝William Kirk博士，感謝你一直以來的支持，還有帶領我順利轉換到心理健康領域的職場。對我和許多人而言，你是一盞明燈！

Tom Mauch，感謝你一流的建議、觀點和友情。（對了，我還欠你一頓玉米餅加飲料。）

Trish Gomersall，感謝你搶先幫我試讀這本書，還有你強大的編輯功力。Adara Mitchell，你真是網頁設計女王，也是令人愉快的合作夥伴。

Lynn Grodski，謝謝你讓我相信自己可以成為一位作家，還幫助我找出如何實現寫作的路。真的感激有你做我的教練！

Wendt Center for Loss and Healing的全體同仁，特別是Stephanie Handel、Grace Metz、Susan Greynolds和Michelle Palmer，我從你們身上學到了很多。謝謝你們幫助我在社會工作和心理健康領域邁出了第一步。你們是一個很棒的團隊，我非常佩服你們的工作。

Elizabeth Hinkle和Dustin Winkel，最好的同儕監督組合，謝謝你們在我覺得卡關時，提供一個可以放心說話的空間，還有無條件的支持。我也非常感謝我的心理師同事們，無論是一條簡訊、一封電子郵件還是一張明信片，我總能依靠你們。特別謝謝Sharon Greenbaum、Amy Cirbus、Kate Rosenblatt、Meaghan Rice、Ashley Ertel、Jor-El Caraballo、Lisa Kays、Cynthia Catchings、Bobbie Merlino和Jill

Daino。

Alison Tygiel，我愛你！謝謝你教我怎麼罵髒話、怎麼點壽司，還有不在乎他人的眼光。謝謝你永遠是我最強的後盾！

Suhail Khan，感謝你成為我在華盛頓特區最早交到的朋友，一直在身邊支持我，還比我認識的任何人更會逗我笑。

Judson Richardson和Carol Bartlett，謝謝你們當我的第一組社工導師，我非常感謝上天讓我遇見你們。我何其幸運，擁有你們這樣的朋友，你們一流的臨床判斷力與智慧、對倫理的堅持、獨特的幽默感，以及隨時跳起舞來的功力，救了我無數次。

謝謝我最棒的母親Katherine Kelly，你走在前頭做榜樣，讓我知道我也能做大事；還有哥哥Michael Kelly，總是激發我聰明又自信的一面。我愛你們！

最後，要謝謝我那聰明又溫暖的丈夫JonMarc Buffa。謝謝你支持我、信任我，還有在我焦急地敲鍵盤時，照顧我們可愛的寶貝。愛你！

參考資料

1 ASD Market Week. (2022, January 11). *What self-care trends means for retailers in 2023*. https://asdonline.com/blog/retail-news/what-self-care-trends-mean-for-retailers-in-2020

2 World Economic Forum. (2021, April 21). *Feeling good: The future of the $1.5 trillion wellness market*. https://www.weforum.org/agenda/2021/04/wellness-market-mental-health-physical-mckinsey-consumers-retail-lifestyle/

3 Nagoski, E., & Nagoski, A. (2019). *Burnout: The secret to unlocking the stress cycle. Ballantine Books,* p. 15.

4 Anderson, F. G. (2021). *Transcending trauma: Healing complex PTSD with internal family systems therapy*. PESI Publishing, p. xvii.

5 Cuddy, A. (2012, October). *Your body language may shape who you are* [Video]. TED Conferences. https://www.ted.com/talks/amy_cuddy_your_body_language_may_shape_who_you_are/comments

6 Largo-Wight, E., Wlyudka, P. S., Merten, J. W., & Cuvelier, E. A. (2017). Effectiveness and feasibility of a 10-minute employee stress intervention: Outdoor booster break. *Journal of Workplace Behavioral Health,* 32(3), 159–171. https://doi.org/10.1080/15555240.2017.1335211

7 Neuroscience News. (2016, June 15). *Making art reduces stress hormones.*https://neurosciencenews.com/

cortisol-art-stress-4480/

8 National Institutes of Health. (2019). *Practicing gratitude: Ways to improve positivity.* NIH News in Health. https://newsinhealth.nih.gov/2019/03/practicing-gratitude

9 Eron, K., Kohnert, L., Watters, A., Logan, C., Weisner-Rose, M., & Mehler, P. S. (2020). Weighted blanket use: A systematic review. *American Journal of Occupational Therapy,* 74(2), 7402205010p1–7402205010p14. https://doi.org/10.5014/ajot.2020.037358

10 White, A. (2022). *Not drinking tonight: A guide to creating a sober life you love.* Hachette Go.

11 Brown, B. (2019, May 31). *What being sober has meant to me.* https://brenebrown.com/articles/2019/05/31/what-being-sober-has-meant-to-me/

12 Zahrai, S. (2020, December 14). Inspower series ep. 14 | *6 steps to emotional self-regulation——overcoming amygdala hijack* [Video]. Shadé Zahrai. https://www.shadezahrai.com/post/inspower-series-ep-14-6-steps-to-emotional-self-regulation-overcoming-amygdala-hijack

13 TED. (2017, April 12). *Sarah Knight: The magic of not giving a f**** [Video]. YouTube. https://www.youtube.com/watch?v=GwRzjFQa_Og

14 Brown, B. (2018, October 15). *Clear is kind. Unclear is unkind.* https://brenebrown.com/articles/2018/10/15/clear-is-kind-unclear-is-unkind/

15 Garis, M. G. (2020, January 30). *The Gottman Institute says there are 5 components of trust——and only 1 is*

honesty. Well+Good. https://www.wellandgood .com/someone-you-cant-trust/

16 TED. (2008, July 15). *Helen Fisher: The brain in love* [Video]. YouTube. https://www.youtube.com/watch?v=OYfoGTIG7pY

17 Devine, M. (2018, March 9). *Pain vs suffering: You can't solve grief, but you don't have to suffer*. Refuge in Grief. https://refugeingrief.com/?p=5481

18 TED. (2019, April 25). *Nora McInerny: We don't "move on" from grief. We move forward with it* [Video]. YouTube. https://www.youtube.com/watch?v=khkJkR -ipfw

19 Tonkin, L. (1996). Growing around grief——another way of looking at grief and recovery. *Bereavement Care, 15*(1), 10. https://doi.org/10.1080 /02682629608657376

20 Kaufman, S. B. (2016, January 30). *The differences between happiness and meaning in life*. Scientific American Blog Network. https://blogs.scientificamerican.com /beautiful-minds/the-differences-between-happiness-and-meaning-in-life/

21 TED. (2017, September 26). *Emily Esfahani Smith: There's more to life than being happy* [Video]. YouTube. https://www.youtube.com/watch?v=y9Trdafp83U

22 Brown, B. (2022). *The gifts of imperfection: Let go of who you think you're supposed to be and embrace who you are* (10th ed.). Hazelden Publishing, p. 35.

23 Rubin, G. (2011, July 15). *I don't have to chase extraordinary moments to find happiness——it's right in front of*

me: An interview with Brené Brown. Forbes. https://www.forbes.com/sites/gretchenrubin/2011/07/15/i-dont-have-to-chase -extraordinary-moments-to-find-hapiness-its-right-in-front-of-me/

24 Kim, R. (2022, March 7). *Addressing the lack of diversity in the mental health field.* NAMI. https://nami.org/Blogs/NAMI-Blog/March-2022/Addressing-the-Lack -of-Diversity-in-the-Mental-Health-Field

25 J. Caraballo (personal communication, April 2, 2023)

國家圖書館出版品預行編目資料

這本書比治療還便宜！讓自己活得更好的心理照顧指南：跟著心理師提升情緒韌性，設立界線×停止內耗，生活過得更輕鬆／莉茲・凱莉（Liz Kelly）著；呂玉嬋譯. -- 初版. -- 臺北市：日月文化出版股份有限公司，2025.09
368面；14.7×21公分. --（大好時光；98）
譯自：This book is cheaper than therapy:a no-nonsense guide to improving your mental health
ISBN 978-626-7776-01-8（平裝）
1. 心理諮商 2. 自我實現
178.4 114009960

大好時光 98

這本書比治療還便宜！
讓自己活得更好的心理照顧指南

跟著心理師提升情緒韌性，設立界線×停止內耗，生活過得更輕鬆

This Book Is Cheaper Than Therapy: A No-Nonsense Guide to Improving Your Mental Health

作　　者：莉茲・凱莉（Liz Kelly, LICSW）
譯　　者：呂玉嬋
主　　編：藍雅萍
校　　對：藍雅萍、張靖荷
封面設計：張巖
美術設計：林佩樺

發 行 人：洪祺祥
副總經理：洪偉傑
副總編輯：謝美玲
法律顧問：建大法律事務所
財務顧問：高威會計師事務所
出　　版：日月文化出版股份有限公司
製　　作：大好書屋
地　　址：台北市信義路三段151號8樓
電　　話：（02）2708-5509　傳　　真：（02）2708-6157
客服信箱：service@heliopolis.com.tw
網　　址：www.heliopolis.com.tw
郵撥帳號：19716071 日月文化出版股份有限公司

總 經 銷：聯合發行股份有限公司
電　　話：（02）2917-8022　傳　　真：（02）2915-7212
印　　刷：軒承彩色印刷製版股份有限公司
初　　版：2025年09月
定　　價：450元
I S B N：978-626-7776-01-8

THIS BOOK IS CHEAPER THAN THERAPY: A No-Nonsense Guide to Improving Your Mental Health by LIZ KELLY, LICSW

日月文化集團
HELIOPOLIS
CULTURE GROUP
客服專線 02-2708-5509
客服傳真 02-2708-6157
客服信箱 service@heliopolis.com.tw

廣告回函
台灣北區郵政管理局登記證
北台字第 000370 號
免貼郵票

日月文化集團 讀者服務部 收

10658 台北市信義路三段151號8樓

對折黏貼後，即可直接郵寄

日月文化網址：**www.heliopolis.com.tw**

最新消息、活動，請參考 FB 粉絲團

大量訂購，另有折扣優惠，請洽客服中心（詳見本頁上方所示連絡方式）。

大好書屋　寶鼎出版　山岳文化

EZ TALK　EZ Japan　EZ Korea

大好書屋・寶鼎出版・山岳文化・洪圖出版　EZ叢書館　EZKorea　EZTALK　EZJapan

感謝您購買 這本書比治療還便宜！讓自己活得更好的心理照顧指南

為提供完整服務與快速資訊，請詳細填寫以下資料，傳真至02-2708-6157或免貼郵票寄回，我們將不定期提供您最新資訊及最新優惠。

1. 姓名：＿＿＿＿＿＿＿＿＿＿　性別：□男　□女
2. 生日：＿＿＿年＿＿＿月＿＿＿日　職業：
3. 電話：（請務必填寫一種聯絡方式）
   （日）＿＿＿＿＿＿（夜）＿＿＿＿＿＿（手機）＿＿＿＿＿＿
4. 地址：□□□＿＿＿＿＿＿＿＿＿＿
5. 電子信箱：＿＿＿＿＿＿＿＿＿＿
6. 您從何處購買此書？□＿＿＿＿＿縣/市＿＿＿＿＿書店/量販超商
   □＿＿＿＿＿網路書店　□書展　□郵購　□其他
7. 您何時購買此書？　年　月　日
8. 您購買此書的原因：（可複選）
   □對書的主題有興趣　□作者　□出版社　□工作所需　□生活所需
   □資訊豐富　□價格合理（若不合理，您覺得合理價格應為＿＿＿＿）
   □封面/版面編排　□其他＿＿＿＿＿＿＿＿＿＿
9. 您從何處得知這本書的消息：　□書店　□網路／電子報　□量販超商　□報紙
   □雜誌　□廣播　□電視　□他人推薦　□其他
10. 您對本書的評價：（1.非常滿意 2.滿意 3.普通 4.不滿意 5.非常不滿意）
    書名＿＿＿＿內容＿＿＿＿封面設計＿＿＿＿版面編排＿＿＿＿文/譯筆＿＿＿＿
11. 您通常以何種方式購書？□書店　□網路　□傳真訂購　□郵政劃撥　□其他
12. 您最喜歡在何處買書？
    □＿＿＿＿＿縣/市＿＿＿＿＿書店/量販超商　□網路書店
13. 您希望我們未來出版何種主題的書？＿＿＿＿＿＿＿＿＿＿
14. 您認為本書還須改進的地方？提供我們的建議？

＿＿＿＿＿＿＿＿＿＿＿＿＿＿＿＿＿＿＿＿

＿＿＿＿＿＿＿＿＿＿＿＿＿＿＿＿＿＿＿＿

＿＿＿＿＿＿＿＿＿＿＿＿＿＿＿＿＿＿＿＿

＿＿＿＿＿＿＿＿＿＿＿＿＿＿＿＿＿＿＿＿